Lilly Maier

Zwischen Integration und Exklusion. Jüdische Geschichte in Europa 1870-1933

GRIN Verlag

Bibliografische Information der Deutschen Nationalbibliothek:

Die Deutsche Bibliothek verzeichnet diese Publikation in der Deutschen National-
bibliografie; detaillierte bibliografische Daten sind im Internet über http://dnb.d-
nb.de/ abrufbar.

Impressum:

Copyright © 2012 GRIN Verlag GmbH
Druck und Bindung: Books on Demand GmbH, Norderstedt Germany
ISBN: 978-3-656-85436-4

Dieses Buch bei GRIN:

http://www.grin.com/de/e-book/285167/zwischen-integration-und-exklusion-juedi-
sche-geschichte-in-europa-1870-1933

Zwischen Integration und Exklusion
Jüdische Geschichte in Europa 1870-1933

jüdische Ansiedlungen in Europa gehen schon auf Antike zurück

1. überlieferte Dokument einer jüdischen Ansiedlung auf deutschem Boden ist aus 321n.Chr.

aschkenasisch = Mitteleuropäisches Judentum
    v. a. die Juden in Deutschland u. Nordostfrankreich

sephardisch = v. spanischen u. portugiesischem Judentum geprägte Kultur

Grundzüge jüdischer Geschichte in West- und Mitteleuropa am Ende des 19. Jhdts.

-   Wann wurden konfessionelle Unterschiede in Verfassungen/Gesetzen abgeschafft?
-   Wann steht nicht mehr, man muss Christ sein, um alle Rechte zu haben?

ganz unterschiedlich – auch in deutschen Staaten hatten alle was ganz anderes

Emanzipation

Deutsche Staaten

Preußen 1812, Bayern 1813
Edikte, d. d. Emanzipation d. Juden in zahlreicher Hinsicht beförderten
    → aber nicht vollständig
    → Staatsämter blieben z.B. weiter verschlossen
    → Bayern: Matrikel-Paragraph – nur bestimmte Anzahl v. Juden darf pro Region leben

Juden in Bayern: eigentlich nur in Franken, in Altbayern wurden sie schon früher vertrieben

Anfang 19. Jhdt. meisten Juden in Bayern in Fürth
in Nürnberg waren sie zum Bsp. erst Mitte 19. Jhdt. wieder erlaubt

→ dieses bayrische Emanzipations-Edikt galt also auch örtlich nur eingeschränkt

politisch liberaler = mehr Rechte f. Juden
politisch reaktionärer = weniger Rechte

in dt. Staaten langer Emanzipationsprozess → dauert fast ein Jahrhundert

1867: in Österreich Ausgleich in neuer Verfassung v. Österreich-Ungarn
1871: mit Verfassung d. deutschen Reiches verschwand d. konfessionelle Diskriminierung

Deutsche Staaten
zuerst Bürgerrechte verdienen → dann bekommen sie sie auch
    = Art Belohnung

Bsp: richtig Deutsch lernen, Berufsstruktur ändern, spezielle Kleidung ablegen

Deutschland → Evolution und nicht Revolution in Politik

deswegen = Emanzipation d. Juden in Deutschland ein langer Prozess (bis 1871)

während 1848 Paulus-Kirchen Nationalversammlung viele Juden vertreten, aber sie bekamen auch keine Ministerämter

1871: Verfassung d. dt. Reiches kannte keine religiösen Unterschiede mehr

Praxis sah oft anders aus → auch danach gab es noch gesellschaftliche Exklusion

v.a. wo es um Konventionen in Gesellschaft ging:
    z.B. Minister, Richter, Offiziere (in preußischer Armee durften Juden nicht Offiziere werden),
    auch nur wenige Professoren (v.a. angesichts d. hohen Anzahl v. gebildeten Juden)
    kommen nicht in bestimmte Berufsgruppen rein
    + v.a. auch nicht in studentische Burschenschaften, u. ähnliche Vereine

Frankreich
= Gegenbeispiel

ging eigentlich nicht um Juden, sondern um Franzosen
→ alle Franzosen sind Bürger (Männer)

Diskussion, ob Juden vertrieben od. als Bürger anerkannt werden sollen
   → es soll keine Bürger 2. Klasse mehr geben

franz. Revolution 1790/91
Juden als Bürger emanzipiert – als Franzosen angesehen

→ müssen erst danach beweisen, dass sie würdig sind, Bürger zu bleiben

1790: besser gestellten sephardischen Juden (Bordeaux) als Bürger emanzipiert
1791: ärmeren askenasischen Juden (v.a. in Elsass-Lothringen) als Bürger emanzipiert

in anderen Gebieten gab es eig. keine Juden in Frankreich
→ weil sie zuvor vom König vertrieben wurden
→ dann haben die Franzosen im 17. Jhdt. Gebiete erobert, wo Juden lebten
→ daher kamen diese jüdischen Gemeinden

3. jüdische Gemeinde: Avignon - unter Schutz d. (Gegen)-Päpste

im Vergleich zu dt. Staaten gab es aber keine große jüdische Gemeinde in FRA

1802: dann allgemeine, gesamte Religionsfreiheit in FRA, f. alle Religionen (auch Islam)

1806 Notabelnversammlung
    = Versammlung aller Stände, erweiterte Ratsversammlung

    => Napoleon hat Fragen an Juden gestellt, um festzustellen, ob d. Juden würdig sind,
    französische Bürger zu sein – Antwort viel positiv aus

Ging darum: die Juden zu nützlichen Bürgern zu machen, ihren Glauben mit den Pflichten der Franzosen in Übereinstimmung zu bringen, die Vorwürfe, die man ihnen macht, abzuwenden und den Übeln abzuhelfen, die sie verursacht haben

= umgekehrter Prozess zu dt. Staaten → hier: zuerst Rechte, dann müssen sie sich beweisen

England

in GB ist Emanzipation schwerer festzustellen, v.a. weil die ja keine Verfassung haben

alles sehr graduell, über Jahrhunderte
- bis 13. Jhdt. waren Juden v. engl. Königen angesiedelt worden – als Geldgeber
- im MA wurden dann alle engl. Juden vertrieben – 1. europäischer Staat, schon 1290
- seit Cromwell (Mitte 17. Jhdt.) durften wieder Juden ins Land → u. dort ohne größere rechtliche Benachteiligungen leben

→ nicht offiziell, als verabschiedeter Akt, aber de facto

→ aus wirtschaftlichen Gründen + um sie bekehren zu können

nach Niederschlagung d. Cromwell- Revolution, verblieben Juden im Land u. wurden de facto toleriert

in vieler Hinsicht ging es Juden im 18. Jhdt. sehr viel besser, als in anderen Ländern

endgültige Emanzipation => in symbolischer Form
ging hier v. a. um d. Problem d. christl. Eides im Parlament

Lionel de Rothschild wurde 1848 als Jude ins Parlament gewählt
→ konnte keinen Sitz einnehmen, weil er einen christlichen Eid hätte schwören müssen
→ 1858 wurde d. Eid abgeschafft u. Lionel de Rothschild ins britische Parlament eingeführt

Christlicher Eid => symbolischer Akt
→ d. meisten engl. Juden waren davor schon rechtlich quasi gleichgestellt
→ gab davor auch schon Londoner jüdische Bürgermeister

Italien

jüdische Gemeinde in Italien sehr klein, aber schnellere Eingliederung

Rom = einzige Stadt, wo es v. Antike an bis heute kontinuierlich jüdische Ansiedlungen gab !
→ Römische Juden haben längste kontinuierliche Geschichte in Europa

→ weil Päpste sie zwar schlecht behandelt u. unterdrückt, aber immer toleriert haben

nach Paulus:
- Juden sollen bewahrt werden u. d. Möglichkeit haben, ihre Religion auszuüben
- als abschreckendes Bsp. f. alle Christen + als Anreiz f. Juden zum Christentum zu konvertieren

im 19. Jhdt. aber immer noch stärkste Diskriminierung durch Papst
→ während es in vielen anderen Ländern schon Gleichstellung gab
→ wurden also nie vertrieben, aber dafür gab es 1848 in Rom noch ein Ghetto

Risorgimento (italienischer Freiheitskampf, d. dann zu italienischer Staatenbildung führte) bringt auch
Befreiung aus d. Ghetto

1871 → 11 Juden im ital. Parlament (= mehr als in AUT, FRA, GB, die alle größere jüd.
Gemeinden hatten)

Italien = 1. Land mit jüdischem Premier-Minister

Rom hatte jüdischen Bürgermeister

Heute: Synagogen in Italien => als Symbol d. Emanzipation
→ extra groß, fast schon monumental → gehören zu d. schönsten Europas

Demographische Entwicklung

1880		1925 (% von Ges.bev.)	davon Immigranten
D	560.000	560.000 (0,9)	100.000 (< 20%)
E	100.000	300.000 (0,7)	150.000 (50%)
F	70.000	200.000 (0,4)	150.000 (75%)

Prozente in Klammen zeigen prozentuellen
Anteil an Bevölkerung
→ in Deutschland nie mehr als 1%

→ aber größere Gemeinden als in England u. FRA

3. Spalte Immigranten – aus Osteuropa in Zwischenkriegszeit

D: 1925 gab es mehr Juden u. mehr Einwanderung – aber dt. Reich verlor Elsass-Lothringen,
wo viele jüdische Gemeinden waren – deswegen gleiche Zahlen

Frankreich u. England → Immigrantengemeinden
Deutschland nicht → bis auf Sachsen und einigen anderen Gemeinden

doch überall → Ostjudengemeinden
Paris: „Pletzl" im Marais, London: Whitechapel, Berlin: Scheunenviertel

im Mittelalter Juden fast nur am Land, aus Städten vertrieben

während d. 9. Jhdt. starker Prozess der Urbanisierung (stärker als bei Christen)

Große Konzentration in Hauptstädten
-   1933 wohnte jeder 3. Jude in GER in Berlin
-   in England 2/3 aller Juden in London
-   in FRA lebten 70% aller Juden in Paris

4

Berufstruktur

Berufsgruppen in Deutschland 1907		
Berufsgruppe	Insgesamt	Juden
Landwirtschaft	35%	1,6%
Handel und Verkehr	12%	61%

v. a. Handel

Juden wurden im Lauf d. historisch. Entwicklung aus Handwerk u. Landwirtschaft verdrängt
→ in Kaufmannsberufe u. Geldhandel

im 19. Jhdt. hätten sie Handwerker, Bauern, etc. werden können, aber da d. sterbende Berufe waren, blieben d. meisten Juden in ihren alten Sparten

(Geld-)Handel im 19. Jhdt. aufstrebende Berufsgruppe

=> immer noch schwer in staatliche Positionen / Beamtenspositionen zu kommen → deswegen Juden v. a. freie Berufe: Ärzte, Rechtsanwälte, Journalisten

Landesweite Organisation

FRA, England seit 18. Jhdt. landesweite zentralistische Strukturen
- *Board of Deputies* (GB)
- *Consistoire* (FRA)

    → tragen Anliegen d. jüd. Gemeinschaft nach außen
    → angeführt v. Oberrabbiner

in Deutschland nicht → weil es ja kein geeintes Deutschland gab

bis 1933 in Deutschland keine deutschlandweite Vertretung d. Juden
    → gab keine interne Einigung zw. Orthodoxen (Minderheit) u. Liberalen

wie in anderen Bereichen spiegelt jüdisches Leben d. Leben d. allgemeinen Gesellschaft wieder → z.B. Angst d. Juden im Süden v. d .preußischen Juden
stattdessen gab es im Deutschen Reich versch. kleinere Organisationen

1893: Centralverein deutscher Staatsbürger jüdischen Glaubens

    gegründet aus Abwehr gg. Antisemitismus
    zirka 1/3 aller dt. Juden war da drin
    eher bürgerliches Milieu, liberal

    d. Zionisten ging es da nicht weit genug → d. sahen sich als jüdische Bürger, nicht als dt. Staatsbürger

es gab individuelle Vereine, denen man sich anschließen konnte
→ aber keine große Vereinigung in d. alle Gemeinden drin waren

→ Landesvertretung dann v. d. Nazis durchgesetzt
    seit 1950: Zentralrat d. dt. Juden

5

Gemeinden

in England, FRA, USA → ab 1905 freiwillige „congregations"
  Gemeinde beitreten = aktiver Akt, freiwillig, wie Verein, auch keine Steuer, etc.
    gibt viele Gemeinden pro Stadt

Deutschland:
    in Gemeinde wird man „hineingeboren" → Austritt = aktiver Akt
    pro Stadt nur eine Gemeinde → Einheitsgemeinden

    gewisse Verbindung v. Staat u. Kirche (Bsp. Staat zieht Kirchensteuer ein,
    Religionsunterricht an staatlichen Schulen (in USA gg. Verfassung), ...)

    in allen großen Städten gab es 3 Arten v. Synagogen
    - Gemeindeorthodoxie
    - Austrittsorthodoxie
    - liberale Synagogen

→ insgesamt zunehmende Säkularisierung

1876: Austrittsgesetz in Preußen
→ Preußische Landtag hat beschlossen, dass orthodoxe Gemeinden ihre eigenen Gemeinden
gründen dürfen

„Austrittsorthodoxie"
wollen nicht Gemeindesteuer zahlen, wenn damit auch liberale Tendenzen (wie Orgelmusik)
gezahlt werden, haben dann eigene Gemeinden gegründet

„Gemeindeorthodoxie"
setzten stärker auf Gemeinschaft, sind zwar auch gg. Liberale, aber wollen eine große
Gemeinschaft bleiben

Liberal
Reformen im Gottesdienst, betonte Zeitgebundenheit d. Gesetze

Religiöse Richtungen

liberales Judentum

betonte Zeitgebundenheit
→ jüdische Gesetze (wie Speisegesetze, Einhaltung Sabbat-Ruhe) sind zeitgebunden
→ wir können sie nicht heute so einhalten, wie vor 2 000 Jahren

Ablehnung des Talmud
→ Talmud wird nicht als göttlich / als Gesetz angesehen, sondern als Literatur

neue Synagogenarchitektur → Tempel !
(am antiken Tempel orientiert, nicht wie bei Orthodoxen, die keinen Bezug dazu wollen - liberale Juden sagen,
heutige Synagoge = unsere Synagoge)

Streichung zahlreicher Gebete → einige Gebete in dt. Sprache (Landessprache)

gibt Rabbinerinnen
Frauen u. Männer sitzen gemeinsam

im Gottesdienst Reformen: wie Orgel

Orthodoxe gg. Orgel:
-   weil es im antiken zerstörten Tempel in Jerusalem Musik gab – sie wollen d.
    alte Synagoge nicht imitieren – sagen, auch wenn es tausende Jahre dauert, wird Tempel
    wieder aufgebaut (liberale Juden sagen, heutige Synagoge = unsere Synagoge)
-   Orgelspielen = Arbeit
-   Orgel kommt aus christlichem Gottesdienst – wollen nicht imitieren

Heute: gibt es auch in liberalen Synagogen kaum Orgeln
→ weil sie eben nicht Christen imitieren wollen

Konservatives Judentum
    od. auch positiv-historisches Judentum

= Mittelrichtung, aber näher am liberalen Judentum

auch bestimmte Reformen in Gottesdienst u. bei Gesetzesvorschriften umgesetzt

aber ganzer Gottesdienst in Hebräisch
→ damit weltweit alle Juden in alle Gottesdienste gehen können

auch neues Verständnis d. Rabbiners
    → gibt Rabbinerinnen

Frauen u. Männer sitzen gemeinsam

Orthodoxes Judentum
    ca. 15 % aller Juden

strikte Einhaltung d. jüdischen Gesetze
    + striktes Vorgehen gg. Verstöße gg. Religionsgesetze

Talmud = genauso göttlich wie Thora

aber schon Reformen im Gottesdienst u. in d. Äußerlichkeiten

Öffnung zur Kultur d. Außenwelt

Leben mit d. Sitten d. Landes
→ heißt man darf Landessprache sprechen, Landeskleidung tragen, weltliche Bildung erhalten
    „früh Talmudstudium, nachmittags Goethe"

19. Jhdt.: Orthodoxe deutsche Juden waren immer noch sehr weit entfernt v. orthodoxen
Juden in Osteuropa

<u>Orthodoxe in Osteuropa</u>:
Orthodoxe Rabbiner dort durften niemals weltliche Bildung erhalten

Bsp. *Samson Raphael Hirsch* (für deutsche Verhältnisse superorthodox), als er dann in
Mähren Rabbiner war, galt er dort als Reformator

→ Gesellschaftliche Leben d. Juden spielte sich zu einem immer geringeren Teil in Synagoge
ab → wie Christen in Kirche auch, gingen sie immer weniger in Synagoge

Juden Osteuropas

= mit Abstand größte Gruppe

im Bezug auf jüd. Geschichte meinen wir hier: alles was östlich v. Deutschl. u. Österr. ist

<u>Was verbindet Juden Osteurpoas?</u>
- Religion → relativ unberührt v. Reformen

- 90% traditionell jüdisch

- Sprache: Jiddisch (über 95% sprechen ≠ Landessprache als Muttersprache)
  o Jiddisch: aus Mittelhochdeutsch entwickelt, in hebräischen Zeichen geschrieben

- Kleidung: traditionell ursprünglich eine osteuropäische Tracht → wurde um 1900 jüdisch

- Kulturelle u. rechtliche Autonomie
  o gab zB rabbinische Gerichtshöfe, d. zumindest über aller innerjüdischen
    Belange urteilte
  o eigenes jüdisches Schulwesen
  o viele jüdische Theater – für rein jüdisches Theater
  o in Deutschland gab es das nicht → d. schrieben f. alle

- Antisemitismus weiterhin relativ stark
  o besonders stark v.a. an Karfreitag – da blieb man besser zuhause

- Emanzipation unvollständig

- Juden = ethnische/nationale Minderheit

<u>Was trennt Juden Osteuropas?</u>
- Religiöse Aufspaltung: Chassidim – Mitnagdim

  o Chassidische Juden im 18. Jhdt. als reformbedingte/mystische Gruppierung
    entstanden
    →Huldigung Gottes durch Tanz, Musik, etc. → eher die armen Juden
    gab Rabbi-Dynastien: Sohn v. Rabbi wurde auch immer Rabbi

  o Mitnagdim – „Gegner" – eher gebildeter, wählten Rabbi, gg. mystisches o   später: Norden: Mitnagdim, Süden: Chassidim

-    Säkularisierung u. Politisierung führt zu neuen Bewegungen: Sozialismus („Bund") u.
     Zionismus
     → nicht Trennung in liberales u. orthodoxes Judentum, sondern viele wenden sich ganz v.

     Religion ab

     → sind auch international „Proletarier aller Welt vereinigt euch", aber behalten
     Traditionen wie Jiddisch, bestimmte Festtage wurden säkularisiert

-    Sprache: Unterschiedliche Dialekte im Jiddisch

-    Landesgrenzen: unterschiedliche Gesetze

Die Teilung Polens am Ende d. 18. Jhdt.

→ daraus sind fast alle Ost-Juden hervorgegangen

→ bis 1772 lebten Großteil d. europäischen Juden in Polen

nach 1795 gab es keinen polnischen Staat mehr
→ jüdische Gemeinschaft lebt nun in 3 unterschiedlichen Staaten

Habsburger Reich: Galizien

Preußen: Posen
(kleinster Anteil an Juden) – Anfangs sehr ähnlich wie Russland, aber Preußen erließ sehr viel fotschrittlichere
Gesetze, deswegen entwickelt sie sich weiter

Zarenreich: Ansiedlungsrayon
     1897: 5, 1 Mio Juden im Russischen Reich = 4% d. Bevölkerung
     davor lebten hier fast gar keine Juden –
     jetzt kam d. größte Anteil d. polnischen Juden zu ihnen

→ geduldet, aber sollen im Gebiet d. ehemaligen Polen bleiben (Ansiedlungsrayon)
        → teilweise Orte mit jüdischer Mehrheit
            um 1900: Bialystok (63%), Pinsk (77%), Brody (75%)
            in Westeuropa gibt es das eigentlich nicht !

gab viele Schtetl
     = umgangssprachlicher Begriff
     Kleinstadt mit klarer jüdischer Infrastruktur
     zahlreiche jüdische Berufsgruppen vertreten: Handwerker, Händler, tlw. eigene Zünfte

Jiddisch
= die Sprache d. aschkenasischen Juden sprachen

von Holland u. d. Elsass (Westen) bis in d. Ukraine, Rumänien u. Ungarn (Osten)

-    ging aus Mittelhochdeutsch hervor – mit Elementen aus d. Hebräischen u. Slawischen

- geschrieben in hebräischen Schriftzeichen

- große Verbreitung → viele Dialekte

- viele Worte ins Deutsche eingegangen (auch ins Wienerische)

wird heute nur noch in ultraorthodoxen Sprachinseln gesprochen
→ Brooklyn, Jerusalem, Paris, London, Wien

Jiddische Literatur
→ Scholem Alejechem
→ Mendele Mojcher Sforim
→ Itschak Leib Peretz

+ gab viele jiddische Übersetzungen – Shakespeare, Mann, Goethe, Schiller

Politik d. russischen Zaren gg.über d. Juden

Lage => schlechter als in Westeuropa, ging d. Menschen dort generell ja schon schlechter

Zar Nikolaus I. (1825-1855) → zahlreiche Einschränkungen
u.a. gefürchteter Militärdienst
          → bis zu 25 Jahre lang !
          → 12-jährige Kinder eingezogen
     als→ Mittel zur Bekehrung

= recht erfolgreich → sehr hohe Konvertitenraten

Zar Alexander II. (1855-1881) → liberalere Politik
                    nicht nur gg.über Juden (auch Leibeigenschaft aufgehoben)
                    → aber Juden immer noch als Fremde angesehen

Antijüdische Maßnahmen u. Ausschreitungen

1864 absolutes Landkaufverbot f. Juden
1871 schwerer Pogrom in Odessa

1881 = Beginn d. größten Pogromwelle
     Auslöser: Ermordung Alexanders II. (v. russischen Anarchisten, in d. Gruppe auch
     eine jüdische Frau) → löst Pogromwelle aus

Theorien:
a) Pogromwelle v. Regierung ganz oben gesteuert – als Ventil f. frustrierte Bevölkerung
b) Neuere Ansicht: Gewalt ging eher v. unten aus, auch v. Kirchen – Autoritäten haben es
   nicht verhindert, aber auch nicht initiiert

1882 Gesetze beschränken jüdische Ansiedlung auf dem Land

(Beachten: Auch Rest-Bevölkerung war nicht vollkommen freizügig, aber Juden noch eingeschränkter.)

→ Juden sollten v.a. in den Kleinstädten leben

1886 Gesetz schränkt Zahl d. Juden an Hochschulen ein (Numerus Clausus) – unter 10%

Folge → v.a. Auswanderung d. jungen gebildeten Juden (→ AUT, Schweiz, Westen)

1903 Pogrom von Kischinew (heutiges Moldawien)
→ Wellen bis ins Ausland geschlagen, USA hat Protestnoten geschickt, russische
Intellektuelle mit Juden solidarisiert
→ Auswanderungszahlen sprunghaft ansteigen lassen

1903 „Protokolle d. Weisen v. Zion"
= antisemitischer Text, d. vorgibt Protokolle v. Rabbinern zu sein, d. zusammen sitzen
u. d. jüdische Weltverschwörung planen
= Fälschung, aus Kreisen d. russischen Geheimpolizei
in ganzer Welt verbreitet – Bestseller
heute v.a. in arabischen Ländern, Iran gelesen
1913 Ritualmordanklage gg. Mendel Beilis
großaufgezogener Prozess, weltweite Beachtung
das Ritualmordanklage zu d. Zeit noch Ernst genommen werden konnte

heutige Fragen d. Geschichtsschreibung:
- War Politik d. Zaren dezidiert antijüdisch oder ging es gg. alle unterdrückten
Gruppen?
- Ging Anstoß f. Pogrome v. Regierung od. v. Volk aus?

heutige Übereinkunft→ Politik gegenüber d. Juden Resultat v. ungelösten Spannungen
zwischen Tendenzen d. Integration u. d. Segregation war

Größte Auswanderungswelle d. jüdischen Geschichte – in die USA

zw. 1881 und 1914 sind über 2 Mio (Ost)-Juden nach Amerika ausgewandert
→ v.a. aus Russland

65.000 nach Palästina

alle Juden d. schon vorher in Amerika waren, werden jetzt bei weitem übertroffen
meisten d. heutigen Juden in Amerika haben Vorfahren, d. in dieser Welle eingewandert sind

Unterschied zur gleichzeitigen Einwanderung d. Italienier
Juden => keine Arbeitsmigration

Italiener v.a. junge Männer – Plan zurückzukommen
Juden: mehr Frauen (46% j- 33%) u. Kinder (25% j- 12%) als bei Italienern
→ Juden kamen, um zu bleiben

Überfahrt

mussten erst mal zu einem Hafen kommen (meistens Bremen), dann auf Überfahrt warten
→ dafür brauchte man Geld

meisten Juden waren arm

Dreiteilung d. Hilfsleistungen:

1. Landreise durch Europa bis Bremerhafen od. Hamburg oft v. deutschen Juden
   organisiert – für Durchgangs-Infrastruktur gesorgt
   auch eigennützig, wollten nicht, d. sie in Deutschland bleiben

2. London Manor House hat f. Überfahrt in d. USA gesorgt

3. Amerikanische Juden mussten sich dann um weiteres Schicksal in d. USA kümmern
   Wollten auch nicht, dass jetzt schlechtes armes Judenbild entsteht

   o HIAS (Hebrew Immigrant Aid Society)
   o American Jewish Committee
   o JOINT Distribution Committe – wichtigste !

Ankunft
Ellis Island → 1. Hürden

→ bekommen oft neue, amerikanisierte Namen
häufig völlig unrealistische Erwartungen → „Goldene Medine"

Wohnbedingungen   → meisten blieben in Manhattan, in Lower East Side
                    → „tenement housing"
                    → hohe Bevölkerungsdichte – noch enger als in Russland
                    → TBC-Rate enorm hoch

Arbeit → „sweatshops"
       → v.a. Textilgewerbe

einige wenige Fälle v. Rückwanderung nach Russland

Bedingungen zwar schlecht, aber es gab Freiheit (Wahl-, Protest-, Religionsfreiheit)
                                    + Hoffnung

Organisation

so religiös wie USA ist, ist aber Religion strikt v. Staat getrennt

„congregations" => gibt keine Gemeinden im dt. Sinne
         rein freiwillig, da tritt man wie in einem Verein bei, nicht zentralistisch

Versuch d. Errichtung einer Kehilla (Gemeinde) in New York gescheitert (1909-1923)

<u>Landesmannschaften</u>
- → nach Herkunftsland organisiert
- → Juden aus selbem Herkunftsort helfen sich gg.seitig
- → hatten oft eigene Synagoge, Arbeitsvermittlungsorganisationen
- → Versuch bestimmte Strukturen d. alten Welt (Schtättl) aufrechtzuerhalten

1888 → Gründung <u>jüdische Gewerkschaft</u> „United Hebrew Trades"
      = Beginn d. modernen Gewerkschaftsbewegung in USA überhaupt
1890 großangelegter Streik → „5-cent-dinners" f. Gewerkschaftsmitglieder organisiert

      gleiche Ziele wie anderen Gewerkschaften, nur man sprach Jiddisch

auch viele <u>sozialistische Organisationen</u>
      kamen aus diesem Milieu
         weil viele proletarisch in sewatshops arbeiteten + weil sie schon sozialistische
         Erfahrungen aus Russland hatten

<u>private Initiativen</u> → um Einwandererleben zu verbessern
         → Baron Hirsch Fund versucht berufliche Umschichtung in Landwirtschaft
      Leute aus Stadt rausholen, im Land ansiedeln
      – relativ unerfolgreich, Juden waren nie Bauern

1906 <u>Galveston-Plan</u> vom Bankier Jacob Schiff
         → sollte Juden westlich d. Mississippi ansiedeln
      in 8 Jahren ca. 10.000 Juden nach Galveston gebracht

Religion

Deutsche Juden, d. schon seit 19. Jhdt. in USA waren → Reformbewegung

neue Osteuropäische Juden → stärken Orthodoxie
      + begründen neue Tradition der „Conservatives"
      = Art Mittelweg
      orthodoxes Erbe ergänzt mit liberaleren Gedanken

      → *Jewish Theological Seminary*
         = bis heute sehr wichtig, gegründet v. Solomon Schechter

auch chassidische Dynastien finden neues Zuhause

viele bleiben aber außerhalb des organisierten religiösen Lebens

Kultur

zahlreiche jiddische Theater

Literatur
auch proletarische Gedichte → z.B. Morris Rosenfelds „Lieder des Ghetto"

Scholem Alechem = wichtiger Schriftsteller aus alter Welt

kommt in die USA, seine Beerdigung in New York ist das Ereignis des Jahres 1916

Presse
> → in Rußland gab es keine einzige jiddische Tageszeitung
> → USA: teilweise 5 parallel erscheinende
> + unzählige Wochen- und Monatsschriften
> bekannteste: *„Der Forverts"* v. Abraham Cahan mit Kolumne „A Bintel Brif"

Zionismus

= zunächst unbedeutend
> → osteuropäische Juden hatten sich ja bereits für Emigration anderswohin entschieden

aber Sympathie gabs schon

Änderung: Übernahme d. Führung d. Zionistischen Organisation durch <u>Louis Brandeis</u> 1914
> → *„In order to be good Americans we must be better Jews, and in order to become better Jews we must be Zionists."*

1916 wurde Brandeis als 1. Jude als Richter an den Obersten Gerichtshof berufen

Antisemitismus

= in keinster Weise mit dem in Osteuropa vergleichbar

= Protest d. angelsächsischen protestantischen Establishments gg. „neue Einwanderer"
allgemein

soziales Ausschlussverhalten auch gg. andere Gruppen (Iren, Italiener, Schwarze)

→ Ausschluss aus elitären Vereinen wie Golfclubs

20er, 30er bis 50er: inoffizielle Quotenregelung in Elite-Unis

prominentestes Bsp. d. amerikanischen Antisemitismus
> → *„Protokolle d. Weisen v. Zion"*
> –nach 1. WK v. Henry Ford herausgegeben
> später hat er sich öffentlich dagegengestellt u. war dann gg. Antisemitismus

Demographie

1925: 4 Millionen Juden in USA
> → davon 1,6 Mio in New York

Amerika → nun Land mit größten jüdischen Gemeinde
(Früher Polen: nun 3,5 Mio)

NY über 5mal größer als 2.größte jüdische Gemeinde Warschau,
dahinter gleich 2 weitere amerikanische Städte: Chicago und Philadelphia
noch vor Wien, Berlin, Budapest, London, Paris, Lodz und Kiew

USA → nur dt., irische u. italienische Einwanderungsbewegungen größer als osteuropäisch-
jüdische

Lateinamerika: Unterschiedliche Gesellschaften

   a) vorwiegend indianisch geprägte Staaten: Zentralamerika sowie Venezuela,
       Kolumbien, Bolivien, Peru, Ecuador und Paraguay

   b) vorwiegend europäisierte Gesellschaften:
       Argentinien, Chile, Uruguay und zum Teil Brasilien

   c) Afroamerikanisch dominierte Staaten (v. a. in Karibik)
       = Ergebnis d. ausgedehnten Sklavenhandels bis 19. Jh.

Unterschiede auch in Öffnung nach außen:
Bsp. Mexiko Staatsbürgerschaft bis 1843 nur f. Katholiken

→ jüdische Gemeinden v. a. in europäisch geprägten Staaten

Erste Einwanderungswellen nach Lateinamerika

in neu gegründeten, unabhängigen Ländern

Lateinamerika = großer, weitgehend unbesiedelter Kontinent
       → benötigt dringend Einwohner (oft sogar Überfahrt bezahlt!)

ABER immer noch Kluft zw. Bedürfnis nach mehr Einwanderung u. jüdischen Einwanderern:

   -   Brechen des katholischen Glaubensmonopols (Inquisition erst im 19. Jh. abgeschafft)
           → aber trotzdem waren dies klar katholisch definierte Nationen

   -   Angst vor Umsturz der bestehenden gesellschaftlichen Verhältnisse
           → Angst d. Einwanderer bringen sozialistisches Ideengut

   -   Nationen hatten Wunsch nach kompakter nationaler Identität
           → spanisch kulturelles Erbe sollte im Vordergrund stehen, Italiener auch noch
           gern gesehen; russisch-jüdische Einwanderer haben nicht ganz reingepasst

Jüdische Einwanderung ab 1889

v. wenigen Tausend wächst jüdische Bevölkerung in Lateinamerika bis 1917 auf 160.000
→ v. a. in Argentinien (110.000) !

1891: Baron Maurice de Hirsch gründet *Jewish Colonization Association* (JCA)
→ grandioses Projekt
→ wollte 3 Mio. verfolgte russische Juden nach Südamerika bringen
→ große Landkäufe → f. ländliche Siedlungen/ Kolonien
→ wollten Juden aufs Land führen, zu Bauern machen
→ sprachen dort jiddisch
→ waren aber nicht 3 Mio. → 100.000 kamen wirklich

Gründe f. Scheitern d. landwirtschaftlichen Siedlungen

- in Realität nie mehr als 33.000 jüdische Bewohner in d. landwirtschaftlichen Kolonien
- geographische u. klimatische Gründe → nicht alle Gebiete f. Landwirtschaft geeignet
- jüdische Bevölkerung hatte ja keine Erfahrung in Landwirtschaft
- hierarchische Struktur d. JCA ging v. Paris aus
- nicht ein großes Territorium, sondern viele kleine, verstreute Siedlungen

Theodor Herzl hat den vielleicht wichtigsten Punkt genannt
→ Massenbewegungen werden nicht durch Geld, sondern durch Idealismus ausgelöst
→ daher Zionismus letztlich erfolgreicher

Integration u. Antisemitismus vor dem 1. Weltkrieg
in Deutschland

formale Emanzipation
= rechtliche Gleichstellung

mancherorts in Folge v. 1848er-Revolution

im Großen dann im *Norddeutschen Bund*
→ Gesetz v. 3. Juli 1869 –
→ Rechte u. Pflichten d. Staatsbürgers sind „vom religiösen Bekenntniß unabhängig"

→ wird dann in Verfassung d. dt. Reiches 1871 übernommen

Österreich → 1867 d. selben Grundsatz in neuer Verfassung aufgenommen

Sozialer u. wirtschaftlicher Aufstieg

viele Juden stiegen im 19. Jhdt. bis ins obere Bürgertum auf
→ auch kulturell

- Bsp.
  -Max Liebermann (Präsident d. preußischen Akademie d. Künste)
- Hermann Tietz (gr. Kaufhauskette → später v. Nazis „Herti" genannt)
- Albert Balin (gr. Reederei) – sehr deutsch-national

auf Papier gleichberechtigte Rechte
→ aber Grenzen d. Integration

- keine Offizierslaufbahn

- keine Minister
- keine Diplomaten
- Weite Teile d. Staatsdienstes blieben verschlossen → meist Ländersache
  o preußische Verfassung forderte „christlichen Charakter f. diejenigen
    Einrichtungen d. Staats, welche mit d. Religionsausübung in Zusammenhang
    stehen" → unklar, welche d. sind
- nur sehr wenige jüdische Professoren, Richter, Lehrer

- Juden konnten in erblichen Adelsstand erhoben werden → aber geschah nur selten
  ←→ Unterschied in Österreich: da gab es viele adlige Juden, schon im 18. Jhdt.

Historiker Fritz Stern sprach v. „Bürde d. Erfolgs"

- wirtschaftlicher/sozialer Aufstieg führte zu viel Neid
- immer in Wirtschaftskrisen spürbar → Suche nach Schuldigen → Börsenkrach 1873

Wandel antijüdischer Stereotype

Mittelalter → Ritualmord, Brunnenvergiftung

Beginn 19. Jhdt. → Juden als rückständig, primitiv, abergläubisch abgelehnt

ab Aufstieg, Ende 19. Jhdt => Gegenteil → zu fortschrittlich, zu bürgerlich, zu urban

Motiv d. Bedrohung → Juden = gefährlich, bedrohen christlich geprägtes Abendland

Rassistischer Antisemitismus

= neu, Mitte 19. Jhdt.

früher: Antijudaismus
        Juden konnten Feinden durch Konvertieren entgehen

Jetzt: Rassentheoretiker machen Rassengegensatz zum Motor d. Geschichte
        → geht jetzt um Blut
        → Herrenrasse „Arier"

        Arthur de Gobineau „Essai sur l'inégalité des races humanies" (1853-55)

        Houston Stewart Chamberlain „Die Grundlagen des 19. Jahrhunderts" (1899)
                = Schwiegersohn v. Richard Wagner

        Richard Wagner „Das Judenthum in der Musik" (1850/1869) → rassische Ablehnung
                war Antisemit, aber inkonsequent: hatte jüdische Dirigenten, Musiker

Begriff „Antisemitismus" erstmals 1879
        in „Der Sieg des Judenthums über das Germanenthum" v. Journalisten Wilhelm Marr

= etwas unsinnig, es gibt ja keinen Semitismus
= pseudo-wissenschaftliche Grundlage f. Judenhass, um rassistische Grundlage zu legitimieren

Begriff hat sich in Windeseile durchgesetzt → viele Vereine, etc. gegründet

versch. Definitionen d. Antisemitismus
PRÜFUNG! – 2 gegensätzliche Ansichten

a) Reinhard Rürup und Thomas Nipperdey (in „Geschichtliche Grundbegriffe")
→ in Antike u. MA gab es religiöse Judenfeindschaft u. Absonderung
aber Antisemetismus => grundsätzliche neue judenfeindliche Bewegung seit 1870er

b) auf Grund seiner praktischen Verwendung steht Antisemitismus heute f. gesamte Geschichte d. Judenfeindschaft (Antijudaismus + Antisemitismus)

o frz. Historiker Leon Poliakov
AS-Begriff ist in allen westlichen Sprachen eingebürgert → daher ist er Ausdruck d. „alle Arten von Antijudaismus aller Zeiten" bezeichnet + nicht eine besondere Form des 'Rassismus'

o Wolfgang Benz
AS meint im modernen Sprachgebrauch → Gesamtheit judenfeindlicher Äußerungen, Tendenzen, Ressentiments, Haltungen und Handlungen
→ unabhängig von religiösen, rassistischen, sozialen od. sonstigen Motiven

gibt jetzt aber nicht nur noch Antisemitismus, sondern auch

Religiöser Antijudaismus
= weiter vorhanden, verschwindet nicht

1871: August Rohling „Der Talmutjude"

vereinzelt noch Ritualmordvorwürfe
1892 in Xanten (Deutschland)

auch v. angesehen Theologen
Adolf v. Harnack: es gäbe keinen Beweis dafür, dass Jesus Eltern Juden waren

Politischer Antisemitismus
wird salonfähig

Adolf Stöcker (Hofprediger bei Wilhelm I.)
gründet christlich-soziale Partei = unerfolgreich
dann ab 1879 gezielter AS → nun erfolgreich, in Reichstag

Heinrich v. Treitschke (gr. Historiker)
1879: Aufsatz in dem er vor Infiltration v. ost-jüdischen Masse warnt

wichtiger Satz: „Die Juden sind unser Unglück!"

→ löst große Debatte aus: Berliner-Antisimitismus-Streit 1879

　　Gegner gg. Stöcker u. Treitschke → Mommsen (später Nobelpreis f. Literatur)
　　→ setzt sich gg. AS ein, sagt aber trotzdem, Juden sollten sich taufen lassen

„Raudausemitismus" - aus unteren Schichten

　　v. a. in 1880ern (1879-1893)
　　Erfolge antisemitischer Parteien (Otto Boeckel, Hermann Ahlwardt)
　　13 Reichstags-Mandate v. klaren Antisemiten
　　　　ging dann aber wieder zurück

schwerwiegender =>
　　Antisemitismus findet Eingang in mittelständige Massenorganisationen
　　o　Deutschnationaler Handlungsgehilfen-Verband (DNHV)
　　o　Bund der Landwirte
　　o　Konservative Partei
　　o　Alldeutscher Verband
　　o　Studentenverbindungen
　　o　Turnvereine

Centralverein deutscher Staatsbürger jüdischen Glaubens (CV)
　　in Reaktion auf Antisemitismus entstanden

　　Anstoß: Schrift v. Raphel Löwenfeld:
　　„Schutzjuden oder Staatsbürger? Von einem
　　jüdischen Staatsbürger"

　　1893 gegründet
　　v. d. liberalen dt.-jüd. Mehrheit

　　wird später d. größte deutsch-jüdische Organisation

　　versucht mit legalen Mitteln (Prozessen gg.
　　Verleumdungen) + Aufklärung (Prospekte, etc.) gg.
　　Antisem. vorzugehen => nur begrenzt erfolgreich

1. Wir sind nicht deutsche Juden, sondern deutsche Staatsbürger jüdischen Glaubens.
2. Wir brauchen und fordern als Staatsbürger keinen anderen Schutz, als den der verfassungsmässigen Rechte.
3. Wir gehören als Juden keiner politischen Partei an. Die politische Anschauung ist, wie die religiöse, die Sache des Einzelnen.
4. Wir stehen fest auf dem Boden der deutschen Nationalität. Wir haben mit den Juden andrer Länder keine andere Gemeinschaft, als die Katholiken und Protestanten Deutschlands mit den Katholiken und Protestanten anderer Länder.
5. Wir haben keine andere Moral, als unsere andersgläubigen Mitbürger.
6. Wir verdammen die unsittliche Handlung des Einzelnen, wes Glaubens er sei; wir lehnen jede Verantwortung für die Handlung des einzelnen Juden ab und verwahren uns gegen die Verallgemeinerung, mit der fahrlässige oder böswillige Beurtheiler die Handlung des einzelnen Juden der Gesammtheit der jüdischen Staatsbürger zur Last legen.

Zionismus
　　Rückkehr d. Juden ins Land Zion (Palästina)

Zion = d. Berg Zion in Jerusalem

Politischer Zionismus = andere Art d. Reaktion auf Antisemitismus

<u>Religiöse Verbundenheit mit dem Land Israel</u>

Trauer um zerstörtes Jerusalem und Sehnsucht d. Rückkehr setzte aber schon viel früher ein
→ eigentlich gleich nach Vertreibung (noch in biblischen Zeiten, in Bibel erwähnt)

Nach Zerstörung d. 2. Tempels (70 n. Chr.) → Eingang in Gebetsritus
→ drei Mal täglich beten fromme Juden f. Rückkehr nach Israel

Im Verständnis d. meisten religiösen Juden hieß das → Rückkehr erst im messianischen
Zeitalter (wenn Messias kommt) → Gott muss selber d. Rückkehr einleiten
= passiver Zionismus
auf Hebräisch hieß d. Land immer schon Israel
d. Römer nannten es dann Palästina (nach einer anderen Volksgruppe, d. dort lebte)

ikonische Bedeutung Jerusalems/ Israels hält ganzes Mittelalter über an
→ kommt auch in Gedichten, Schriften vor

aber <u>noch nicht</u> mit aktiver Rückkehrbewegung verbunden

gab immer wieder Einzelpersonen, d. in d. heilige Land pilgerten und/oder dort begraben
werden wollten

gab kontinuierlich eine kleine jüdische Gemeinde in Palästina

Vorläufer d. politischen Zionismus

→ *Moses Hess*
         deutsch-jüdischer Sozialist
         schrieb „Rom und Jerusalem" (1862)
         → während italienischem Risorgimento (italienischer Freiheitskampf, d. dann zu
         italienischer Staatenbildung führte)
         → wenn das die Italiener nach 2000 Jahren schaffen, können d. Juden d. auch
         → 1. Schrift, d. sich darauf bezog, aber blieb noch ohne Auswirkung

→ *Leon Pinsker*
         russischer Jude, schrieb aber auf Deutsch
         „Auto-Emancipation" (1882)
         → forderte, d. Staaten in Westeuropa d. Juden individuelle Rechte gaben, aber
         meinte, d. Juden sollten sich eigenen Staat erbauen
         → während großer Pogrome, da dachten dann viele an Auswanderung

<u>Begründer d. Zionismus</u>: **Theodor Herzl**

         fesselnder Redner u. Organisator

* 1860 in Budapest
kam aus akkulturierter wohlhabender Familie (kaum religiös)
sprachen Deutsch, 1878 zog Familie nach Wien
Herzl sprach kein Hebräisch, ließ seinen Sohn Hans auch nicht beschneiden

wollte Theater-Schriftsteller werden, war eher mittelmäßig, wurde aber sogar kurz im
Burgtheater gespielt

als Journalist aber sehr erfolgreich
→ wurde Feuilletonist in d. „Neuen Freien Presse"
   (= wichtigste deutschsprachige Zeitung)

f. späteren Zionismus-Erfolg wichtig, dass Herzl auch außerhalb d. Judentums eine bekannte
Autorität war

Herzl wurde v. außen, durch Antisemitismus, erinnert, dass er Jude war

1. Bekenntnisse zum Judentum, weil die Burschenschaft in der er ist, einen Arierparagraphen
einführt (nehmen keine weiteren Juden mehr auf) → Herzl verlässt Burschenschaft
demonstrativ

Herzl bleibt aber fortschrittsgläubig → dieser Spuk wird vorübergehen

dann wird 1895 *Karl Lueger* in Wien Bürgermeister

            → Führer d. antisemitischen Christlich-Sozialen Partei
            → wurde 3 Mal hintereinander zum Bürgermeister gewählt
            →Kaiser Franz Joseph weigerte sich aber immer, ihn zu ernennen (Kaiser = gg. Antisem.)
            → nach d. 3. Wahl 1897 gibt Kaiser dann nach
            → war sehr erfolgreicher Bürgermeister, architektonisch viel f. Wien gemacht,

            → bis heute präsent (Umbenennung d. Karl-Lueger-Rings erst 2012)
            → war nicht überzeugter Antisemit, sondern war nur opportunistisch auf Wählerfang

Herlz sieht, d. Antisem. im Volk sehr verbreitet war
            → überlegt sich, was man tun kann

eine Idee: Massenübertritt d. Juden zum Christentum organisieren

aber immer offensichtlicher, d. Antisem. rassisch/biologisch begründet war

schreibt 1895 „*Das neue Ghetto*" (Theaterstück)
            sieht assimilierte Wiener Juden im unsichtbaren Ghetto
            (durch christliche Kultur immer noch in andere Gruppen abgedrängt)

reist dann als Auslandskorrespondent nach Frankreich

→ Paris: Dreyfus-Prozess
            jüdischer Offizier Alfred Dreyfus wird fälschlicherweise d. Hochverrats
            verurteilt + verbannt (Jahre später neu aufgerollt u. rehabilitiert)
            → dieser Prozess hat franz. Öffentlichkeit in Bann gehalten (2 Lager)

            wichtig → sein Judensein spielte in Öffentlichkeit eine große Rolle

→ immer größere Demonstrationen, d. sich nicht gg. d. Person Dreyfus richteten,
sondern gg. *den Juden* Dreyfus, später dann gg. *die Juden*

Herzl = Zeuge dieser Demos
→ erkannte, wenn Antisemitismus selbst im emanzipierten Frankreich möglich ist
→ wo können Juden dann noch leben

Herzls Reaktion auf alle diese Ereignisse
→ *„Der Judenstaat"* (1896)
= Gründungsdokument d. späteres Israel

Herzl schreibt nicht, dass jüdische Kultur u. Religion so toll ist, dass ein eigener Staat
gegründet werden soll, sondern
→ eigener Staat als einziger Ausweg v. Antisemitismus

> *„Wir haben überall ehrlich versucht, in der uns umgebenden Volksgemeinschaft unterzugehen und nur
> den Glauben unserer Väter zu bewahren... Man lässt es nicht zu. Vergebens sind wir treue und an
> manchen Orten sogar überschwängliche Patrioten, vergebens bringen wir dieselben Opfer an Gut und
> Blut wie unsere Mitbürger, vergebens bemühen wir uns den Ruhm unserer Vaterländer in Künsten und
> Wissenschaften, ihren Reichtum durch Handel und Verkehr zu erhöhen. In unseren Vaterländern, in
> denen wir ja auch schon seit Jahrhunderten wohnen, werden wir als Fremdlinge ausgeschrieen... Wenn
> man uns in Ruhe ließe... Aber ich glaube, man wird uns nicht in Ruhe lassen."*

→ gibt genaue praktische Anleitung, wie Judenstaat auszusehen hat
→ geht um modernen liberalen Staat (Art kleines Europa)
→ nichts speziell jüdisches daran

legt sich jetzt noch nicht mal auf Palästina fest (noch nicht Zionismus!)
→ zwei Orte zur Auswahl: Palästina u. Argentinien (weil dort schon große Siedlungen)

Reaktionen

innerjüdisch eher negativ
- sahen sich selber als emanzipierte Juden in ihren jeweiligen (West-)Ländern
- wollten nicht weg
- wollten keine doppelte Loyalität
- wollten auch kein neues Material f. Antisem. liefern

Herzl wendet sich zuerst in Paris an Baron Hirsch
dann an d. Rothschilds (haben schon jüd. Siedlungen in Palästina mitgegründet)
→ von beiden abgewiesen, weil d. nichts Politisches machen wollen

Herzls eigene Zeitung hat sich geweigert, über Zionismus zu berichten

Deutsche u. österr. Juden ablehnend → Liberale und Orthodoxe

Orthodoxe sahen Zionismus als Gotteslästerung (Herzl war ja kein Messias)

Herzls Plan d. 1. Zionistenkongress in München einzuberufen => scheitert
→ jüdische Gemeinde in München weigerte sich
→ Protestnote d. deutschen Rabbinerverbandes (liberal + orthodox)

Herzl ließ sich nicht abbringen

1. Zionistenkongress dann in Basel, August 1897
(deswegen gibt's in Israel in jeder Stadt eine Baselstraße)
über 200 Delegierte

=> Herzl begründet politische Bewegung
dann jedes od. jedes 2. Jahr Treffen

Zionistenkongress
Mehrzahl d. Teilnehmer aus Osteuropa
dort war Judennot viel größer, Zionismus erfolgreicher

aber Deligierte aus ganzer Welt: aus Westeuropa, auch USA u. Afrika
auch 20 Frauen
→ Herzl wollte Frauenwahlrecht einführen (1897!)

v. a. aus Mittelstand, v.a. Ärzte, Rechtsanwälte
keine großen bekannten Namen

auch einige Orthodoxe (sahen Zionismus aus pragmatischen Gründen positiv an,
bildeten Minderheit im Zionismus)

→ jetzt dann schon klar auf Palästina gerichtet, emotionalere Verbundenheit

wichtigster Mann neben Herzl: <u>Max Nordau</u>
(bekannter Schriftsteller d. Zeit)

Herzl war Ansehen d. Bewegung sehr wichtig !
→ damit sie nicht verlacht wurden
→ mieteten besten Ort Basels (Casino)
→ verlangte feierliche Kleidung bei Kongress

Herzls Haltung zu Arabern:
- alle die in Israel leben, sollten gleiche Rechte haben
- Araber werden sie mit offenen Armen empfangen, weil sie ja Technik bringen werden

Politischer Zionismus gg. Kulturzionismus

gab auch Widerstand gg. Herzl aus zionistischen Kreisen

→ <u>Achad Ha'am (Ascher Gingsberg)</u>, russischer Zionist u. Publizist

23

ihm ging es nicht um politischen Staat, sondern um <u>geistiges</u> Zentrum
→ er hatte nicht Angst v. Antisem., sondern dass Juden sich so assimilierten, dass jüdische /hebräische Kultur verloren ginge

→ setze v.a. auf größere Verbreitung d. Hebräischen

→ kritisierte Herzl wg. seiner Naivität gg.über d. Arabern

= <u>Kulturzionismus</u>
brachten zB Wörterbücher heraus, um auch Übersetzungen f. d. neuen modernen Wörter zu finden

Kulturzionismus gg. Herzl, weil er einen ganzen assimilierten Staat gründen wollte, wo ja nicht mal Hebräisch gesprochen werden sollte

- Herzl wollte Judenstaat (Asyl f. Juden v. Antisem.)

- Achad Ha'am wollte jüdischen Staat
  (müsste nicht mal zwingend autonom sein; trotzdem nicht religiös, sondern säkular)

letztes Buch v. Herzl: „*Altneuland*" (1902)
→ „Wenn wir wollen, ist es kein Märchen."
= utopischer Roman, beschreibt wie Palästina in zwei Jahrzehnten aussehen wird
→ weltliche Gesellschaft
→ „Klein-Europa" im Orient
→ Frieden zw. Arabern u. Juden

→ Roman heißt auf Hebräisch „Tel Aviv" → gibt d. 1909 gegründeten Stadt d. Namen

Diplomatische Bemühungen

Kaiser Wilhelm II. reiste nach Palästina
→ Herzl reiste nach u. traf dort d. kurz Kaiser u. d. osmanischen Sultan

gab immense Versuche v. Herzl auf diplomatischen Weg, Anerkennung f. Judenstaat zu erlangen → zuerst erfolglos über osmanischen Sultan

dann setze er sich auf Kaiser Wilhelm II.
nutze Beziehung zum Onkel d. Kaisers, d. badischen Großherzog

all diese Versuche waren erfolglos, einige kleinere Erfolge

es gab auch christliche Zionisten

Herzl starb 1904 sehr jung – mit 44
→ gab keinen Nachfolger
→ hinterließ Lücke an Spitze d. Bewegung
→ Zionismus war sehr personenfixiert

→ <u>51 Jahre nach 1. Zionistenkongress (1897) wurde Staat Israel gegründet (1948)</u>

Juden in Palästina

Alter Jischuw

Jischuw = jüdische Bevölkerung in Palästina

Alter Jischuw = schon vor 1881/82

4 größere jüdische Gemeinden: Tiberias, Zefat, Jerusalem u. Hebron

immer wieder einzelne Juden, d. einwanderten, aber keine eigentliche Bewegung
→ meisten kamen nicht, um dort zu leben, sondern um in d heiligen Erde begraben zu werden

<u>Chaluka-System</u>
          = Unterstützung durch Wohltätigkeit d. Juden in d. Diaspora (außerhalb Israels)
          →lebten dort unter relativ schlechten Bedingungen, waren abhängig v. Diaspora-Juden

          = Angriffspunkt v. Zionisten (d. wollten sich selbst erhalten, nicht abhängig sein)

in Jerusalem lebten sephardische + aschkenasische Juden

d. aschkenasischen Juden lebten nach ihrer Herkunft strukturiert, meist um eine Synagoge
herum → „Klal Warschau", „Klal Vilna" od. „Klal Ungarn"

primitivste Wohnverhältnisse, sanitäre Verhältnisse, etc.

bis 1881 lebten ca. 25.000 Juden in Palästina

Neuer Jischuw – 1. Alija

= ab 1881/82, ab der 1. großen (zionistischen) Einwanderungswelle

Israelische Gescichtsschreibung unterscheidet in
          → 5 Alijot (Einwanderungsbewegungen, wörtl. „Aufstieg",)
             in neuerer Forschung ist Trennung nicht mehr so eindeutig

1. Alija → 1881-1905
             (1905 1. russische Revolution)

     ca. 30.000 Juden wanderten ein
             → eine Reihe wanderte aber auch wieder aus
             (harte Lebensbedingungen, fremde hebräische Sprache)

-   Neubelebung v. Hebräisch als Umgangssprache
-   modernes Erziehungswesen
-   landwirtschaftliche Aktivitäten

v. a. aus Osteuropa, sehr wenige Deutsche
d. meisten behielten zuerst ihre alte Staatsbürgerschaft, russische Einwanderer wurden
oft Untertanen d. osmanischen Reiches (mussten dann auch zum Heer)

2. Alija 1905 - 1914

= d. Alija, d. spätere Staatenbildung am entscheidendsten geprägt hat

mehr Intellektuelle, mehr politische Menschen wanderten nun ein
→ darunter waren viele d. später d. politische u. kulturelle Elite bildeten

jüd. Bevölkerung wuchs auf 85.000 Menschen an

Beginn versch. politischer (verfeindeter) Parteien:
→ meist im linken sozialistischen Lager angesiedelt
→ Poalei Zion, Hapoel Ha-Zair

Mehrheit d. arab. Bevölkerung war nicht so begeistert u. dagegen

zionistische Organisation kümmert sich um Landkauf v. Arabern
→ dort bilden sich landwirtschaftliche Siedlungen (Kibbuz)

Kibbuz = landwirtschaftliche Kollektivsiedlung
- sozialistisch organisiert   (meisten Bewohner kamen aus Russland)
- alle sollten gleich leben
- kein Privateigentum
- Kinder sollten nicht bei Eltern heranwachsen, sondern gemeinsam in einem Kinderhaus
- landwirtschaftliches Ideal → f. viele eine schwere Umstellung

Kibbuz waren eine Zeit lang sehr erfolgreich, in d. letzten 30 Jahren aufgeweicht

Mehrheit lebte nie im Kibbuz, aber d. d. als Elite angesehen wurden, lebten dort
       auch Staatsgründer David Ben Gurion zog sich mit 80 in ein Kibbuz zurück

zum Schutz dieser Siedlungen
→ Selbstverteidigungsgruppe (Wachleute) gg. Übergriffe gg. Araber

Technion-Spachenstreit
       Technion = technische Universität,
       war v. Verband d. deutsch-jüdischen Organisation, waren nicht zionistisch
       Geld kam aus Deutschland, dort sollte auf Deutsch unterrichtet werden
       gab großen Streit, weil zionistische Studenten Hebräisch als Unterrichtssprache
       wollten → schlussendlich durchgesetzt

Städte
Haifa, Jerusalem

1909 Tel Aviv gegründet („Altneuland" nach Roman Herzls)
→ sollte moderne jüdische Stadt werden
= rein jüdische Stadtgründung

---

1. Weltkrieg

Mehrzahl d. Juden lebte noch in Europa
1. WK war entscheidender Einschnitt f. jüd. Bevölkerung

Veränderungen im 1. Weltkrieg

- von multi-ethnischen Reichen zu Nationalstaaten

    o Donau-Monarchie, Zarenreich, Osmanisches Reich zerfielen in Nationalstaaten
    o Neu: Österreich, Ungarn, Polen, Sowjetunion, Tschechoslowakei, Jugoslawien, Lettland, Estland, Litauen

        => Entwicklung war negativ f. Juden
        → davor waren sie eine Minderheit unter vielen, in d. neuen Nationalstaaten gibt es nun eine dominierende Nation
        Bsp. Polen – 10 % d. Bevölkerung Juden

- Juden kämpfen gg. Juden
    o in allen europäischen Armeen kämpften Juden als Deutsche/Franzosen/Russen + daher kämpften Juden gg. Juden
    o = keine neue Entwicklung, aber so extrem war es noch nie

- Antisemitismus in Westeuropa trotz gemeinsamer Schützengrabenerlebnisse
    o bleibt bestehen u. verschärft sich
    o Juden dachten, Antisemitismus würde nun endlich verschwinden, wo sie sogar ihr Leben geben

- Diplomatischer Durchbruch f. d. Zionismus
    o 1917, Belfour-Deklaration

Terretorialen Veränderungen und Heimatlosigkeit

d. größten jüd. Siedlungsbeiete deckten sich mit d. Hauptkampfzentren d. Krieges in Mittelosteuropa

→ ca. 1. Mio Juden wurden heimatlos

→ andere wechselten d. Herrschaft häufig

(je nachdem wie die Frontlinie grad lag, man konnte unter 5 Herrschaften leben, ohne je Haus verlassen zu haben)

Bsp. Vilna („Jerusalem des Ostens") – war im Zarenreich, dann deutsch, litauisch, polnisch

Jüdische Bevölkerung stand zwischen d. Fronten

      f. Polen war es klar auf welcher Seite man stand, f. Juden nicht
      → wurden deswegen oft verdächtigt, d. anderen zu helfen

auch in Palästina drohte Gefahr (Karte)

Vielvölkerstaat Osmanisches Reich im Zerfallen
→ f. Juden nicht klar, unter welcher Herrschaft sie bleiben würden

gab auch arabische Revolten

Angst d. Juden → dass sie als 5. Kolonne angesehen werden würden (also als Gefahr, viele waren ja aus dem gegnerischen Russland eingewandert)
      → Angst v. einem Schicksal d. Armenier

Juden schafften es sich als ethnische Gruppe zw. d. einzelnen Parteien sich rauszuhalten

→ gab ja auch keine jüdische Armee

1917/18: Palästina v. Briten erobert
      schufen dann eine eigene jüdische Einheit in d. britischen Armee
-   in britischer Uniform, aber mit Davidstern

Kämpfe und Solidarität

unvermeidbar: Juden kämpften gg. Juden

Zusammenarbeit auf internationaler Ebene zw. jüd. Gemeinden praktisch unmöglich

Solidarität nur auf d. Gebiet d. Wohltätigkeit
(das haben auch Katholiken untereinander gemacht)

      => Hilfsverein d. dt. Juden sammelte 15, 5 Mio Mark f. notleidende Juden Osteuropas
      => noch stärkere Anstrengungen durch amerik. Juden
           Nov. 1914 JOINT (Joint Distribution Committee) gegründet

Deutsche Juden und der Krieg

schien nun Gelegenheit gekommen, endlich alle anti-jüd. Bestimmungen aufzuheben

genährt durch große Hoffnung, dass im Krieg geht, was im Frieden nicht gelang
→ gesellschaftliche Integration

Juden waren bemüht ihren Patriotismus besonders deutlich unter Beweis zu stellen

Zahl d. jüd. Kriegsteilnehmer u. Gefallenen (12.000) ensprach d. Gesamtbevölkerung
→ sogar etwas über Durchschnitt (viele meldeten sich freiwillig)

Burgfrieden, 1914 → Kaiser kennt keinen Unterschied mehr zw. untersch. Parteien u.
Konfessionen

Zusätzliche Motivation → es ging gg. antisemitisches Zarenreich

Kriegsbegeisterung
= gleich wie in deutscher Bevölkerung

tlw. übersteigerter Chauvinismus
→ Ernt Lissauer schrieb „Hassgesang gg. England"
u. erhielt dafür Roten Adlerorden Preußens
→ wurde aber auch v. 60 jüdischen Persönlichkeiten in einem offenen Brief als
„unjüdisch" abgelehnt

Philisoph Hermann Cohen
(erfolgreicher Jude, war wichtiger Philosophie-Professor)
2 Aufsätze während 1. WK: „Deutschtum und Judentum"
versucht Synthese zw. dt. u. jüd. Kultur aufzuzeigen
sagt Juden haben mehr mit Deutschen zusammen, als mit irgendeiner anderen
Nation

→ viele waren dieser Meinung
osteuropäische Juden begrüßten dt. u. öst. Armeen als Befreiung (verbanden mit GER
Kultur, Bildung, Aufklärung)

Pazifisten

gab auch eine Reihe jüdischer Pazifisten im 1. WK

u.a. Sigmund Freud, Albert Einstein (gab sogar dt. Staatsbürgerschaft auf), Arthur Schnitzler,
Karl Kraus („Fackel")

Freud sagte *„ er habe noch niemals ein Ereignis so viel kostbares Gemeingut der Menschheit
zerstört, so viele der klarsten Intelligenzen verwirrt, do gründlich das Hohe erniedrigt wie der
Krieg"*

→ zeigt, es gab keine jüdische einheitliche Meinung zum Krieg

Vermittlerrolle

gab auch Ansicht, Juden seinen d. Vermittler zw. d. Kulturen
(wie schon im Mittelalter)

wichtigster Vertreter d. Vermittlerrolle

Sozialdemokrat *Eduard Bernstein*
→ sah Juden als Mittler, da sie ja in allen Ländern lebten
→ „Von den Aufgaben der Juden im Weltkrieg" (1918)

war natürlich unrealistisch, d. meisten Juden waren ja auch Patrioten

auch viele Rabbiner beriefen sich auf Friedensidee d. Propheten

> → Leo Baeck betonte in Kriegspredigten d. Ideal d. Friedens
> sah d. Krieg bestenfalls als notwendiges Übel
> (obwohl er Feldrabbiner an der Front war)

Integration

Individuelle Erfolge
gab auf individueller Ebene Erfolge

erstmals werden Juden Offiziere in d. preußischen Armee
+ steigen in bisher verschlossene politische Positionen auf

Bsp. *Walther Rathenau* wird Chef d. Kriegsrohstoffabteilung
Albert Ballin wird Leiter d. Zentraleinkaufsgesellschaft

im großen überwiegt aber Enttäuschung u. fortwährender Antisemitismus

Rückschlag

1916 → Judenzählung v. preußischen Kriegsministerium

zählten in jeder Kompanie Anteil u. Positionen d. Juden

→ angeblich, um d. antisemitischen Vorwurf entgegenzuwirken, dass sich Juden v. Krieg drücken

→ dadurch erfuhren viele Soldaten erst, dass ihre Mitkämpfer Juden waren

Juden sahen sich als Deutsche, wollten nicht wieder extra hervorgehoben werden

→ in Tagebücher sehr negativ, enttäuschend v. Juden aufgenommen
„Mir ist, als hätte ich eben eine furchtbare Ohrfeige erhalten,"

auch literarische Beispiele, d. sich darauf beziehen
- Georg Hermann: „Enttäuschung am Deutschen"
- Ernst Toller: „Die Wandlung"

Begegenung mit den Ostjuden

gibt es durch d. Krieg verstärkt, immer öfter

Ostjuden werden v. dt. Armee bewusst politisch ausgenutzt
→ heben bewusst Verbindung zum dt. Kulturkreis hervor (weil Jiddisch ja auch d. Dt. sehr viel näher sei)
→ versuchen Ostjuden zu mobilisieren

f. viele d. dt. assimilierten Juden war Begegnung mit Ostjuden sehr wichtig
→ trafen nun „authentische" Juden, d. wie ihre Großeltern waren (Bärte, Jiddisch, ..)

Arnold Zweig u. Maler Hermann Struck machten idealisierendes Buch „Ostjüdisches Anlitz"

Philosoph Martin Buber gab ab 1916 wichtige Kulturzeitschrift „Der Jude" heraus
→ darin osteuropäischer Jude stark idealisiert

+ ca. 70.000 osteuropäische Juden kamen als Zwangsarbeiter u. Kriegsgefangene nach Deutschland

durch 1. WK auch
→ **Durchbruch d. Zionismus**

1917: Balfour Deklaration
        = diplomatischer Durchbruch, offener Brief an Rothschild
          v. Lord Balfour, britischer Außenminister

„Die Regierung Seiner Majestät betrachtet mit Wohlwollen *die Errichtung einer nationalen Heimstätte für das jüdische Volk in Palästina* und wird Ihr Bestes tun, die Erreichung dieses Ziels zu erleichtern"

Osteuropa

Sowjetunion
ab 1917 Verstädterung, intensive Urbanisierung d. jüd. Lebens
        v. a. Moskau, Kiew, Odessa

wichtig: weil gerade religiöses Leben in d. Kleinstadt, am Land stärker ausgeprägt ist, als in d. anonymen Großstadt

Kommunismus u. Judentum

Juden hatten gehofft, dass Zarenreich fallen würde
    Zaren hatten Pogrome geduldet

Februarrevolution → demokratische Wahlen
Oktoberrevlution → Bolschewiken an Macht
Bolschewisten wurden eher nicht v. Juden unterstützt, d. waren f. d. demokratische Parteien
Bund stand außerdem d. Menschewiken näher

trotzallem → überproportional viele Juden in kommunistischer Führung
(Trotzki, Rosa Luxenburg)
            sahen sich selber nicht als Juden, sondern als Kommunisten,
            wurden aber v. außen sehr stark als Juden wahrgenommen

positiv: neuen kommunistischen Herrscher sprachen sich sogar in Verfassung (!) gg.
Antisemitismus aus

negativ: „Religion ist Opium f. d. Volk." – religiöse Juden (Mehrheit) sahen sich bedroht

Kommunismus
= gut f. Juden, d. sich assimilieren wollten (als Sowjetbürger plötzlich viele Rechte)
= schecht f. Judentum als gelebte Religion u. Kultur

5,5 Mio in Russland zu diesem Zeitpunkt – ca. 4% d. Bevölkerung
            kaum welche in Arbeitsklasse, schwer sie zu Arbeitern zu machen

Theorie und Praxis

theoretisch war Kommunismus gg. jede Art v. Antisemitismus
            → bedeutete aber nicht, dass über Nacht alle antisemitischen Vorstellungen in d.
            Köpfen d. Menschen verschwanden (tlw. blieben sie auch in kommun. Führung)

Problem: wie geht man jetzt mit Antisemitismus um, den es ja eig. nicht geben darf?
    a) Verleumdung (es darf keinen geben, also gibt es auch keinen)
                auch in DDR wurden Friedhofschändungen noch v. Öffentlichkeit verheimlicht

    b) tarnt ihn unter anderen Namen u. führt ihn offiziell durch
            Vorwurf → Kosmopoliten (heimatlose, wurzellose Elemente, negativ behaftet)
            Vorwurf → Zionisten (eigentlich wollen die doch alle weg u. nichts mit uns zu
            tun haben)

a) u. b) beide zu verschiedenen Zeiten während Sowjetherrschaft geschehen

Stalin: viele Schauprozesse gg. Kosmopoliten u. Zionisten (um Juden aus Partei zu drängen)
            viele Hinrichtungen
            „Revolution frisst ihre Kinder"

ab 1937/ 38 verschwinden alle jüd. Parteifunktionäre

Situation war komplex
- es sollte keinen Antisemitismus geben
- es gab ihn aber teilweise
- gleichzeitig gab es immer einzelne Juden in führenden Staatsfunktionen in Partei, Armee, Geheimdienst

es war durchaus möglich gesellschaftlich aufzusteigen
=> bessere Situation als Deutschland + aber auch besser als in vielen relativ demokratischen Osteuropaländern

mehrere Juden schlossen sich Geheimpolizei an → bekamen schlechtes Ansehen, v. Bevölkerung negativ gesehen

im Gegensatz zu 3. Reich richtete sich Stalin aber nie gg. alle Juden → nicht systematisch

dennoch: forderte d. staatliche Antisemitismus in der Sowjetunion vor d. 2. WK mehr Opfer als in anderen Ländern (Deutschland ausgenommen)

Individuum und Kollektiv

→ Juden sollten als Menschen integriert werden, ABER nicht als Juden überleben
   → Sowjetbürger werden

Juden sollten nicht als eigene nationale od. religiöse Gruppe bestehen
   → deswg. wurde auch gg. d. sozialistischen „Bund" vorgegangen
Bund war Religion auch egal, aber bestimmte säkulare jüd. Traditionen wollen sie leben

deswg. gründeten Kommunisten
→Jewsketsia
   = jüd. Sektion innerhalb d. kommun. Partei
   sollte Übergangssituation sein, solange Juden noch jiddisch sprechen, müssen wir sie auch so ansprechen, in 1-2 Generationen sollte d. Jiddische vertrieben sein
      = Propagandamittel um Juden zu assimilieren, Judentum auszutreiben

Lenin war in d. Sinne Philosemit, in d. er sich positiv über d. Juden äußerte, d. keine Juden mehr waren → vereinzelte jüdische Freunde v. Lenin
Lenin hatte jüd. Urgroßvater, wusste er aber wahrscheinlich nicht

Mehrheit d. Juden wurde aber nicht über Nacht zu Kommunisten
   wollten nicht einfach ihre Kultur aufgeben (d. Christen ja auch nicht)
   lebten noch ihre religiösen Traditionen

sollten sich assimilieren → auch unter Gewalteinsatz

Synagogen geschlossen, in Kulturzentren umgewandelt
Rabbiner ihres Amtes gehoben

es gab keinen Ort mehr, um Religion zu lehren u. zu lernen (außer im Geheimen)

nach einer Generation wussten d. meisten Juden nicht mehr, wie Religion praktiziert wurde

paradox: Judentum als Nationalität anerkannt
(im sowjetischen Pass gab es Spalte „Nationalität", dort stand russisch, weißrussisch, georgisch ODER jüdisch)
→ Juden waren also klar gekennzeichnet
→ in späteren Jahren war es mit so einem Pass schwerer Beruf, Studienplatz zu finden

in Sowjetunion war Judentum Nationalität
im Rest d. Welt war Judentum Religion
→ zeigt, dass Kategorien immer v. außen aufgedrängt werden

ab 1990er: gr. Einwanderungswelle russischer Juden in GER
sehr viele davon v. Gemeinde nicht als Juden anerkannt, weil sie jüdische
Väter hatten u. im Judentum muss man ja jüdische Mütter haben

Stalin schuf 1928 autonomes jüdisches Territorium: Birobidzhan
→ Nationalitäten brauchen ja Gebiet + wir wollen nicht, dass sie nach Palästina gehen
B = sehr weit abgelegen, kahles Land, wirtschaftlich nicht gerade ansehnlich

man versucht, hier 2 Probleme zu lösen:
→ Juden aus dem Ansiedlungsrayon umzusiedeln
→ strategisch wichtiges Gebiet an der chinesischen Grenze zu besiedeln

nur wenige 10.000de Juden (v. d. 3 Mio in UdSSR) lebten dort – waren nie Mehrheit
ABER jiddisch als Sprache, jiddische Schulen, jüdische Kultur

gerade f. d. Armen wurden hier Anreize gegeben (eigenes Gebiet)

sehr viele sind auch wieder zurückgewandert

Kultur
in d. ersten Jahren wurde Hebräisch gefördert, hebräisches Theater in Moskau gegründet

20er: russisch-jüdische Avantgarde – berühmtestes Beispiel: Marc Chagall

Pogrome in Osteuropa
1918-20

= Zeit d. schlimmsten Judenverfolgungen vor d. Holocaust

war aber keine gezielte, systematische Verfolgung
→ sondern Teil d. Bürgerkrieges im Gebiet d. Ukraine, Polens u. Weißrusslands – dort lebten
sehr viele Juden

wie oft, waren Juden d. willkommensten Opfer → gingen auf Minderheiten los

Ukraine

1917-1920 sehr viele Massaker an Juden (damals als Holocaust bezeichnet)

d. ukrainische Führer *Petljura* war selbst mitverantwortlich f. viele Massaker an Juden

Petljura wurde 1926 v. einem jüdischen Flüchtling (Schwarzbart), d. seine Familie in
d. Massaker verloren hatte, in einem Cafe erschossen,
→ Schwarzbart wurde dann v. einem franz. Gericht freigesprochen!
  sahen es als Notwehr, weil Petijura so viele Gräueltaten begangen hatte

sehr bald historische westliche Kommissionen d. d. Pogrome untersuchten

Juden „zwischen den Fronten" – literarisch gut beschrieben bei Isaak Babel

Folgen d. Auswanderungen u. Pogrome
→ jüd. Bevölkerung zw. 1897 bis 1926 nahm um 5% ab (Ukraine)
→ während es gleichzeitig ein sehr hohes Bevölkerungswachstum in d. Ukraine gab

Polen

10% d. polnischen Bevölkerung war jüdisch (= viel !) – 3 Mio

in manchen Kleinstädten in Polen gab es noch jüdische Mehrheiten

aber auch hier starke jüdische Urbanisierung (1931 lebten 3/4 d. Juden in Städten)

Warschau – 30 % Juden (1931)

Polen war demokratischer Staat
        (mit Zeit immer radikaler)
-   katholisch geprägt
-   starke antisemitische Tradition in Gesellschaft (v.a. v. Kirche)
-   keine tatsächliche Gleichberechtigung f. Juden

→ dafür aber auch weniger Druck, sich zu akkulturieren, assimilieren zu müssen (wie in
UdSSR)
jüdische Religion konnte weiter offen ausgelebt werden
-   Synagogen blieben
-   Jiddisch blieb erlaubt
-   Religiöses Leben
-   Blühende Talmudschulen

= gut f. Kultur und Judentum
= schlecht, f. d. d. sich assimilieren wollen
        = Gegenteil v. UdSSR

wg. Wilsons 14-Punkte-Plan
        → Minderheiten autonom, geschützt
        (Kinder konnten auf jüd. Schulen, v. Gericht konnte auf jiddisch ausgesagt werden)

Juden durften sonntags ihre Läden öffnen, damit sie wie Christen an 6 Tagen arbeiten können

→ im Lauf d. Zwischenkriegszeit wurde das immer mehr Theorie

auch in 1930er gab es noch jüdische Schulen, aber sie bekamen keine staatliche Finanzierung mehr

Polen: vielfältiges Judentum, innerlich zersplittert (orthodox, säkular, liberal reformiert)

Jüdische Politik

Politische jüdische Parteien besonders zerstritten
= Wurzeln f. politische Differenzen im heutigen Israel

Grundfragen:
- Was sind d. Juden? Volk od. Religion?
    - o f. Zionisten sind Juden ein Volk, f. meisten anderen war Judentum zwar auch eine Nation, aber eine Nation in d. Diaspora

- Was soll d. vorherrschende Sprache unter Juden sein? Hebräisch od. Jiddisch?
    - o 1931 Volkszählung in Polen – unter Juden: 80 % sagten Jiddisch als Muttersprache, 12 % Polnisch, 8 % Hebräisch (stimmt nicht, keiner hatte Hebräisch als Muttersprache, d. gaben d. als politisches Statement so an) – wahrsch. 90% Jiddisch
    - o Theater fast ausschließlich Jiddisch
    - o Schulen, Literatur, Presse war dreisprachig (jiddisch vorherrschend)
    - o Zionisten setzten immer stärker auf Hebräisch

- Wo sollen Juden leben? In Diaspora-Ländern, wo sie aufgewachsen waren? In autonomen Gebieten d. Diaspora (Birobidschan / Südamerika? In Israel?

- Wer sind d. politischen Alliierten? Sozialisten, Bürgerliche oder andere nationale Minderheiten?

Politische jüdische Richtungen
    alle auch im polnischen Parlament vertreten

    untereinander sehr zerstritten
    auch Zionisten unter sich zerstritten

    mehrere sozialistische zionistische Parteien, allgemeine Zionisten (Liberalen), Revionisten (eher konservativ rechts), religiöse Misrachi (orthodoxe)

- Zionisten kamen auf ca. 1/3 d. jüdischen Stimmen (gesamt, alle Strömungen gemeinsam)

- Bund kam auch auf 1/3 (jiddische sozialistische Partei, gg. Religion, gg. Zionismus)

- 3. politische Kraft (anfangs 2.stärksten) Agudah (Orthodoxen)

in lokalen u. regionalen Wahlen → jüdisches Gewicht oft bedeutend
z.b. Lwow (Lemberg) 1928: jüd.-nationaler Block größte Partei

natürlich wählten Juden auch polnische Parteien!

überhaupt auch rascher Prozess der Polonisierung (Akkulturation)

Bund: Konflikt mit polnischen Sozialisten, die Juden nicht als eigene Nationalität verstehen

Orthodoxe Agudah
(auch Agudat genannt)

- im Kampf gegen Säkularismus reichen traditionelle Mittel nicht aus
  1912 politische Formierung gegründet
  umfasst nicht alle Orthodoxen
  (ohne religiösen Zionisten u. ganz Orthodoxe, die sich weigern, zu politischen Mitteln zu greifen)

pol. Strategie: minimalistisch; auf der Basis, dass Juden weiterhin in feindlicher Umwelt
leben → waren gg. politischen, säkularen Zionismus

Hauptforderung → Gewährung religiöser Freiheit
→ dafür Loyalität gegenüber Staat
→ auch Pakt mit Regierungspartei geschlossen (Pilsudski)

Antisemitismus in Polen

- tief verwurzelt
- kam v.a. religiös aus Kirche (starker Antijudaismus)
- an Karfreitag trauten sich Juden nicht auf Straße – wurden mit Steinen beworfen

- politisch in Reihen d. Nationaldemokraten (Endeks) u. ihrem Führer Roman Dmowski
  o Juden sind Fremdkörper in Polen, sollen weg (sahen dswg. Zionismus positiv)

- in Polen waren d. liberalen nur sehr schwach vertreten

- Nationaldemokraten fossieren einen systematischen Wirtschaftsboykott gg. Juden

- Marschall Pilsudski wandte sich gg. Antisemitismus, war sehr einflussreich
  Nach seinem Tod 1935 wird Polen halbtotalitär

- Minderheitenrechte v. 1919 werden nicht mehr umgesetzt

- 1937 verlangt eine Synode polnisch Bichöfe d. Ausschluss jüd. Kinder aus staatlichen
  Schulen u. d. Entlassung jüd. Lehrer

- 1935-37 Welle v. Pogromen in polnischen Städten

- 1937 spezielle Judenbänke in Universitäten – 1. Versuche d. Ghettoisierung

Tschechoslowakei

neuer Staat nach 1918

eigentl. künstlich geschaffener Staat
– aus vielen Teilen zusammengesetzt, Tschechien + Slowakei + viele nationale Minderheiten

      waren sogar während Habsburgers getrennt, ein Teil war im cisleithanischem, ein Teil
      im transleithanischem Reichsteil

      Frage: Sind Tschechisch u. Slowakisch 2 Sprachen od. 2 Dialekte einer Sprache?
            Worauf beruht Nationalstaat? Versuch gemeinsame Kultur zu schaffen.

= Art Bindeglied zw. West- u. Osteuropa

= einzige erfolgreiche Demokratie in Osteuropa → liberale, gemäßigte Politik

de facto: Anerkennung d. Rechte v. Minderheiten
      (nicht nur de iuro wie in Polen)

Präsident *Thomas Masaryk*
      → entspricht Modell eines westlichen demokratischen Politikers
      → hatte sich als Anwalt schon v. d. Krieg f. d. Rechte d. Juden eingesetzt
      → = offen gg. Ritualmordanklagen aufgetreten – hat sich f. Zionismus eingesetzt

jüdische Bevölkerung in Tschechoslowakei spiegelt Teilung d. Landes wieder

viele nationale Minderheiten: Ungarn, Sudetenland: Deutsche, Ukrainer, Polen

Wohin gehören Juden? Sind sie auch eine nationale Minderheit wie in Polen?
Od. tschecisch-slowakische Staatsbürger jüdischen Glaubens?
Zahlen d. Volkszählung v. 1921

In Böhmen – 15% bezeichnen ihre Nationalität selber als jüdisch
In Slowakei – 54%
In Karpethen – 87%

in westlichen Gebieten (Böhmen, mit stark jüdisch geprägtem Prag)
sehen sich Juden viel stärker als Tschechoslowaken
      (u. 35% als Deutsche), aber nur15 % sehen sich als jüdische Nation

jüdische Selbsteinschätzung hängt stark v. Land u. Umgebung ab
→ Grenze zw. West u. Ost zeigt sich hier am Besten

je weiter nach Westen, desto weniger identifizieren sich Juden mit Tatsache, dass sie
jüdischer Nationalität sind

Zionismus

zwei entscheidende Fakten prägen Palätina im/nach 1. WK:
- Eroberung durch die Briten
- Balfour Deklaration

1917 → Balfour Deklaration
    = diplomatischer Durchbruch, offener Brief an Rothschild
    v. Lord Balfour, britischer Außenminister

„Die Regierung Seiner Majestät betrachtet mit Wohlwollen *die Errichtung einer nationalen Heimstätte für das jüdische Volk in Palästina* und wird Ihr Bestes tun, die Erreichung dieses Ziels zu erleichtern"

= sehr vage Formulierung
    → „jüdische Heimstätte" = nicht zwingend ein Staat gemeint
    → „in Palästina" = kann ja auch nur ein kleiner Küstenstreifen gemeint sein

trotzdem => großer Schritt, Anerkennung

Folge
→ Zionismus wird v. einer belächelten Utopie zu einer politisch ernst genommenen Bewegung

ABER Briten geben gleichzeitig Versprechen an Araber

1915/16 „Britain is prepared to recognise and support the independence of the Arabs."
    in Brief v. High Commisioner v. Ägypten an wichigen Araber-Führer

Motive d. Balfour-Deklaration

- Wohlwollen d. jüdischen Bevölkerung zu erreichen

- Politische Verbündete sind in Kriegszeiten immer gut (jüdischer Einfluss bereits damals überschätzt)

- Angst, Kriegsgegner wie Deutsche, Österreicher od. Osmanen würde zuerst ähnliches Dokument abfassen

- persönlicher Einsatz Chaim Weizmanns (Spitze d. zionistischen Führung), lebte in England u. machte während Krieg eine kriegswichtige chemische Entdeckung – hatte dadurch Zugang zur britischen Regierung u. konnte sich persönlich einsetzen

- ernsthafte humanitäre Bedenken über Situation d. Juden in (Ost-)Europa

- Religiöse Motive: Juden spielen im strengen protestantischen Christentum wichtige Rolle, weil Messias erst kommen kann, wenn Juden wieder in Israel sind

gab 10 Jahre vorher schon mal britischen Plan, alle Juden in Britisch-Ost-Afrika (Uganda) anzusiedeln → hätte nicht funktioniert, weil Juden keinen Bezug zu d. Land hatten

einziges britisches Kabinettsmitglied, das gg. Balfour-Deklaration war → war d. einzige jüdische Minister (aus selben Gründen, warum dt. Juden gg. Zionismus waren)

Britisches Mandat

Palästina 1917 v. Briten erobert

Mandat d. Völkerbund d. Briten nach 1. WK zur Kontrolle übergab, sehr groß: Jordanien, Israel

dieses Gebiet war f. viele d. Traum d. zukünftigen jüdischen Staates
→ ursprünglichen zionistischen Forderungen: dieses Gebiet, was man als Palästina verstand

Palästina = keine Kolonie, steht offiziell unter Kontrolle d. Völkerbunds + gab es d. Briten als Mandat

zugeteilt auf: Konferenz von San Remo 1920

Unterschied Kolonie u Mandat = marginal (Autos fahren weiter rechts;)

→ Wirtschaftliche Ausbeutung stand nicht an 1. Stelle (gab auch nicht viel zu holen)

viele versch. Nationen u. Religionen meldeten Anspruch auf dieses stark umkämpfte Gebiet

1. High Commisionar wurde 1920 → Sir Herbert Samuel (britischer Jude!)

- vl. gerade deshalb, weil Samuel Jude war, hat er versucht Rechte d. arabischen genauso wie d. jüdischen Bevölkerung zu schützen

- Briten entfernten sich mehr u. mehr v. ihren in d. Balfour-Deklaration gegebene Versprechen

- Nach anfänglichem Jubel d. Zionisten, fühlten sich dann viele verraten

Während d. 30ern:
- Zunahme d. Konflikte zw. Juden u. Arabern in Palästina
- es werden Teilungspläne entwickelt, d. dann aber alle wieder verworfen werden

Zionisten
(v.a. in Palästina) haben aber nicht nur passiv zugeschaut,
→ versucht Fakten zu schaffen:

- mehr Kibbuzim (landwirtschaftliche Kollektivsiedlungen)

- Tel Aviv (1909 gegründet) → wird Großstadt!
  - o wird säkulare Kulturmetropole: Nationaltheater, Museen
  - o = Teil d. Unesco-Weltkulturerbes weil es so viele Bauhaus-Architektur gibt

- 1925 Eröffnung d. Hebräischen Universität in Jerusalem
  - o auch arabische Vertreter bei Eröffnung anwesend u. viele brit. Diplomaten
  - o Jerusalem = religiöses u. Bildungszentrum

Hebräisch stark gefördert
Zionisten sahen Jiddisch negativ → war Sprache d. Exils, d. Diasporra

<u>Politische Vielfalt</u> d. Zionisten in Palästina

Streitpunkte waren v.a. wie mit d. arabischen Bevölkerung umgegangen werden soll

Grundlagen: polnische Parteien(kämpfe)

- sozialistische Gruppierungen angeführt v. David Ben Gurion
  - o wichtigste Partei, bis 1977 Regierungspartei

- Rechtsnationalistische Revisionisten unter Vladimir Zeev Jabotinsky
  - o Bürgerliche Wirtschaftspolitik u. kompromisslose Haltung in Bezug auf Araber
  - o wollten Unabhängigkeit auch mit gewalttätigen Mitteln herbeiführen
  - o wollten auch Jordanien dazu
  - o Jugendbewegungen mit militärischem Drill
  - o Trotzdem noch liberale Züge

- dazwischen waren d. liberalen allgemeinen Zionisten mit d. starken Persönlichkeit Chaim Weizmanns
  - o Weizmann war „Führer" d. zionistischen Weltkongresses, aber lebte weiter in England
  - o Die wurden immer kleiner, v. links u. rechts verdrängt

- + kleine Gruppe d. religiösen Zionisten
  - o Minderheit d. orthodoxen Juden, d. trotzdem f. Zionismus waren u. ihn nicht als Gotteslästerung sahen
  - o symbolisch wichtig, weil man sagen konnte, dass auch Religiöse für sie waren

1948 wurde Gurion Ministerpräsident u. Weizmann repräsentativer Staatspräsident

<u>Alija</u>
(Einwanderung)

Hauptkonflikt über Umfang d. jüdischen Einwanderung
    Mit Arabern u. zunehmend auch mit Briten

20er: wenig, ca. 8.000 Juden im Jahr

30er: Anstieg aufgrund d. Verfolgungen in Europa
      immer mehr wollen raus, auch wenn sie nicht Zionisten sind, wollen sie nach Palästina

    → Briten schränken Einwanderung weiter ein

	1937: 10.500
1935: 61.800	1938: 12.800
1936: 29.700	1939: 16.400

Arabische Proteste
    v.a. nach 2. WK

bereits 1921 Unruhen in Jaffa (gab auch Tote)

1929: Ausschreitungen an Klagemauer in Jerusalem
                weil Juden Status Quo verändern (Stühle u. Trennwände in Tempel aufgestellt)

mehr u. mehr Konflikte, weil mehr u. mehr Einwanderung

immer wieder Tote

1936-39 „Großer Aufstand"
→ großer Arabischer Protest
    → Streikwelle
    → richtet sich auch gg. Briten (Forderung, keine Juden mehr ins Land zu lassen)

Briten sind in Zwickmühle – problematisch, d. Araber unter Kontrolle zu halten

immer mehr **Teilungspläne**
    → Briten raus, Land zw. Juden u. Arabern geteilt

1936: Royal Commission of Inquiry
        angeführt von Lord Robert Peel
        eindrucksvoller u. ausführlicher Bericht über Gegebenheiten im Land
        → Einigkeit sei in einem gemeinsamen Land nicht herzustellen
        → territoriale Teilung = notwendig, so bekommen sowohl Juden wie auch Araber
        Gerechtigkeit

1937 **Peel-Plan**
= 1. Teilungsplan

Dreiteilung:

-   kleiner jüdischer Küstenstreifen
      Gebiet südlich von Tel Aviv bis nördlich von Haifa/Akko sowie Galiläa (dunkelgrau)

- britische Enklave
  mit Jerusalem, Bethlehem, Nazareth (wichtigsten religiösen Orten) u. schmalem
  Streifen zum Mittelmeer (hellgrau)

- Rest sollte als arab. Staat sollte mit Transjordanien vereinigt werden inkl. Jaffa (hell)

→ Mehrheit d. zionistischen Führung will auf dieser Grundlage verhandeln
→ Araber lehnten Teilung ab

→ Britisches Ober- u. Unterhaus sahen viele Probleme darin, sehen Mängel in Plan
  Sir Herbert Samuel vergleicht Plan mit d. Situation Mitteleuropas:
  d. Plan würde in einem Gebiet v. d. Größe Wales praktisch ein Saargebiet,
  einen polnischen Korridor u. ein halbes Dutzend Danzigs und Memels schaffen

Dilemma aller Teilungspläne
  bis heute

es konnte kein Staat konzipiert werden, der klein genug war, um nur wenige arab. Einwohner
aufzuweisen, aber groß genug, um jüdische Einwanderung zu absorbieren

Grundfrage: will man ein Land, das weder jüdisch noch arabisch ist oder will man
Zweistaatenlösung

1947 wollte UNO wieder Teilung → Zionisten waren einverstanden, Araber waren dagegen

  ironischerweise ist Teilung bis heute d. einzige realistische Konzept geblieben u.
  später auch Grundlage d. Osloer Verhandlungen

Nordafrika und Naher Osten

→ in islamischer Welt

→ Farben sind Kolonien
  Karte = v. d. 1. WK
  (Balkan gehört danach nicht mehr zum osmanischen Reich)

Irak, Iran, Jemen → große jüdische Siedlungen

Juden in Vorderem Orient u. Nordafrika hatten nichts mit Juden in Spanien, Portugal zu tun
→ kommen aus unterschiedlichen Herkunften
→ fälschlicherweise werden oft alle nicht-askenasischen Juden als sephardisch bezeichnet!

Statistik 1930 – Anzahl d. Juden
Zahlen nicht können, geht um generelles Gefühl

keine riesigen Gemeinden (im Vgl. zu Osteuropa), aber waren da

+ das sind Gemeinden, d. schon sehr lange bestehen

Statistik 1930	
Marokko	120.000
Algerien	85.000
Ägypten	70.000
Tunesien	65.000
Libyen	45.000
insges. in Afrika:	ca. 1/2 Mio
Türkei	80.000
Irak	100.000
Iran	60.000
Syrien	20.000
asiat. Teile der SU	ca. 200.000
Indien	25.000

jüdische Gemeinden in Irak → schon 2000 Jahre, sagen sogar sie kommen noch aus 1.
Tempelvertreibung (6. v. Chr.)

auch in Iran → schon seit Römerzeit

Nordafrika → mindestens schon seit Mittelalter

<u>Heute</u>
→ leben in fast allen diesen Ländern keine Juden mehr
Massive Vertreibung v. Juden aus arabischen Ländern nach israelischer Staatsgründung

wenige Ausnahmen:

- Marroko 2-3.000 Juden, (im Vgl. früher 120.000!)
- Tunesien wenige tausend,
- Iran 15.000, → trotz aller anti-israelischer Politik – dürfen auch Religion ausleben, aber nicht Solidarität mit Israel bekunden
- Türkei größte ca. 20.000 Juden

Grundlagen jüdischen Lebens in islamischer Unwelt
→ Mittelalter, bis ins 19. Jhdt.

- Theorie „<u>dhimmi</u>" → Angehörige anderer Buchreligionen („dhimmis") werden toleriert
  o aber auf niedrigerer Stufe
    - spezielle Steuern
    - soziale Zurücksetzung (Synagogen niedriger als Moscheen, Juden u. Christen dürfen nicht auf Pferden reiten, etc.)
    - auch Markierung: gelber Fleck
      damit Kontakt zw. Bevölkerungsgruppen minimiert wurde
      auch Christen hatten Markierungen, manchmal auch d. gelben Fleck
      → waren d. 1. die das hier gemacht haben

- Realität => wie unter christl. Herrschaft immer Frage d. Interpretation
  o es gab bessere u. schlechtere Epochen u. Gebiete
  o Epochen, in denen Diskriminierungen umgangen wurden, auch Juden auf Pferden ritten
  o Andere Epochen, in denen Juden vertrieben u. zwangskonvertiert wurden

- großer Unterschied zu christl. Herrschaft → größerer Abstand zw. Religionen
  o kein Vorwurf d. Gottesmordes
  o nicht dieselben antijüdischen Traditionen

zeitweise ging es d. Juden besser als d. Christen
→ besonders in Spanien, wo d. Christen mit ihrer Reconquista ja als Feinde gefährlich waren

→ bis ins 19. Jhdt, gibt im Osmanischen Reich keine Aufklärung

Osmanisches Reich
im 19. Jhdt.

durch Kolonialismus
→ immer mehr europäischer u. christlicher Einfluss im Osmanischen Reich

→ bringt Geist d. westeuropäischen Aufklärung (Emanzipationsgedanken f. Juden)

keine andere Bevölkerungsgruppe freute sich mehr über den wachsenden Einfluss
Westeuropas als d. *dhimmis* → hofften, dass damit auch ihre niedrigere gesellschaftliche
Stellung ein Ende haben wird

1839-1876: Periode weitreichender Rechtsreformen (Tanzimat)

    Juden nicht mehr zweitrangige dhimmis, können nun aufsteigen, sind teilweise Berater
    am Hof, haben auch Verteter im Parlament

    1. Parlament 1878 (nicht gewählt, sondern von Provinzregierungen ernannt) → 4
    Juden unter 119 Abgeordneten (obwohl sie nur 1% d. Gesamtbevölkerung waren)

    1908 Jungtürkenrevolte → einige Staatssekretäre u. andere wichtige jüdische Politiker
    (Mehr als im Deutschen Reich)

→ aber bringt auch Antijudaismus u. Antisemitismus, der vorher nicht vorhanden war

Damaskus-Affäre, 1840

christl. Mönch verschwunden, Vorwurf, dass er v. Juden ermordet wurde (Ritualmordvorw.)
    Große Repressionen, Folter, unter Folter falsche Geständnisse
    am Ende: freigesprochen

    Französische Diplomaten in Damaskus glaubten d. Vorwurf
    Britische u. preußische Diplomaten glaubten es nicht
    => wurde Staatsaffäre, viele Delegationen aus Europa

meisten Juden in Istanbul: 47.000 Juden → 4, 4% d. Bevölkerung (1897)

prozentual am meisten in Saloniki
→ um 1900 Juden d. größte Bevölkerungsgruppe in
    Saloniki (neben Osmanen u. Griechen)
→ viel Einfluss: Hafen war jüdisch, daher war Hafen
    samstags geschlossen

schon vor 1. WK – schon 1912 im Balkankonflikt wurde Saloniki griechisch
→ meisten Türken u. Juden in Türkei gegangen
→ d. verbliebenen landeten später fast alle in Auschwitz
→ heute nur noch 300 Juden in Saloniki
Grafik zeigt Bevölkerungsgruppenentwicklung

Juden im osmanischen Weg = „**Dritter Weg**"

➔ weder mit Mittel- noch mit Osteuropa vergleichbar

1) Mitteleuropa
   mehr od. weniger schnelle u. mehr od. weniger erfolgreiche Emanzipation, staatliche
   Integration (werden Bürger), aber auch Assimilation, Aufgabe d. partikulären
   Merkmale d. Gemeinde-Autonomien

2) Russland
   starker Druck v. außen, kaum Liberalisierungstendenzen, tlw. Versuch einer
   Zwangsintegration, an deren Ende d. vollständige Aufgehen in christliche Gesellschaft
   stehen sollte; also keine Integration, dafür blieben jüdische Autonomien, auch
   spezielle Kleidung durfte noch getragen werden

3) Osmanischen Reich mit d. sephardischen Juden
   auch hier: neudefinierte Stellung (durch Tanzimat)

   aber kein fixer Weg vorgegeben (weder Integration noch Ausschluss)
   theoretische Politik ➔ Integration durch Assimilation ➔ werden Bürger

   können in Praxis aber weiter auf ihre autonomen Gemeinde-Rechte zurückgreifen
   => werden Bürger, aber bleiben doch im korporativen Status

Zerfall d. Osmanischen Reiches
   beginnt schon Anfang d. 19. Jhdts. zu bröckeln

1830/78 Serbien	1912 Albanien
1832 Griechenland	
1859/78 Rumänien	1911 Italien erobert Libyen
1787 Montenegro	1912 Marokko wird in frz. u. span.
1878/1908 Bulgarien	Protektorat geteilt

v. 1. WK ➔ Balkankrieg Saloniki kommt unter griechische Herrschaft, Juden waren größte
Bevölkerungsgruppe > viele flüchten in türkische Gebiete

---

neue Nationalstaaten
nach 1. WK

stärkerer Einfluss d. Nationalismus ➔ negative Folgen

➔ im Vielvölkerstaat gab es so viele nationale u. religiöse Minderheiten, dass es keine obere
„Nation" gab, der sich alle unterordnen müssen

nun: zB Griechenland ungeheuer wichtig, dass alle griechisch sprechen u. griechisch-
orthodox sind

Beginn 1920er ➔ **Türkei** entsteht als säkularer Staat

- Religion u. Staat getrennt (keine Kopftücher, keine Reli-Unterricht in Schulen)
- Religionen alle erlaubt, aber streng getrennt → Schrift war nun Latein, man durfte zB in Zeitungen nicht mehr arabische od. hebräische Schriftzeichen verwenden
- Staat zahlt keinen Religionsunterricht

- Juden bekommen nun individuelle Rechte, aber müssen Privilegien als Kollektiv aufgeben → ähnlich wie Französische Revolution 1789

Vertrag von Laussane → Rechte d. Minderheiten in d. Türkei

- alle nicht-muslimischen Minderheiten in Türkei bekommen selbe Rechte u. Pflichten wie Muslime
- alle Staatsämter stehen Juden u. Christen nun offen
- dürfen trotzdem weiter ihre eigene Religion ausleben
- dürfen eigene religiöse u. wohltätige Vereine aufrechterhalten
- dürfen Grundschulunterricht in d. jeweiligen Sprachen erteilen (aber Religionsunterricht = generell verboten!)
- dürfen rechtliche Streitigkeiten auch unter sich in eigenen Gerichten regeln

= eigentlich positivere Entwicklung als in anderen Nationalstaaten

Vertrag v. Laussane
→ wurde aber wie ähnliche Minderheiten-Verträge in Osteuropa als v. außen aufgedrängt empfunden (v. Westen diktiert)

→ jüdische Gemeinde hat das erkannt u. bestimmte Rechte freiwillig nicht ausgelebt
  → zB jüdische Gerichtbarkeit aufgegeben, keine öffentlichen Steuergelder f. religiöse Einrichtungen

Türkei: Voranschreiten d. Akkulturarion

immer weniger Ladino als Umgangssprache gesprochen → mehr Türkisch
Ladiono = wie spanisches Jiddisch
      v.a. in Städten u. Istanbul

55.000 Juden im europäischen Teil d. Türkei, 25.000 in Anatolien

→ aber auch mehr Französisch gesprochen (schon vor 1. WK)

Alliance Israélite universelle
→ bemühte sich in „primitiven" Regionen um Verwestlichung d. Juden
→ haben Schulen eingerichtet, sollten französischer Kultur näher gebracht werden
→ sehr viele jüdische Kinder in Noradfrika u. im Osmanischen Reich in diesen Schulen

    = sehr erfolgreiches Unternehmen

Statistik zur Sprachverteilung

Umfrage 1920:

	Franz.	Türkisch	Ladino	Frz. und Türk.
Männer	20	40	10	30
Frauen	20	10	50	

Nicht, welche Sprachen können sie, sondern welche
Sprachen sprechen sie täglich
auch sehr stark Männer/Frauen-getrennt
Großeltern konnten tlw. nicht mehr mit Enkeln sprechen

Andere Staaten

auch andere neue Staaten entstehen
→ aber viele unter Einfluss d. beiden Großmächte England u. Frankreich

Libanon, Syrien (Franz.)
Ägypten, Transjordanien (England)
Irak ab 1932 relativ unabhängig (aber Einfluss England)

Iran (Persien)→ unabhängig
        vor 1. WK schiitische Herrschaft → Situation d. Juden immer schlechter (wurden als
        unrein angesehen, durften bei Regen nicht raus, weil dann Unreinheit abwäscht)

        1925: Machtübernahme durch Shah → Modernisierung u. Säkularisierung
        → bessere Bedingungen f. Juden
        Schah waren zwar sehr repressiv, aber f. Nicht-Muslime starke Besserung

Ägypten
→ relativ komfortable Minderheitenposition nach britischem Vorbild
→ gibt selbst liberale Synagogen in Kairo

generell: v.a. in Städten Nordafrikas Verbürgerlichung, es wurde Englisch u. Franz. gelernt

in Algerien können seit 1870 fast alle Juden d. franz. Staatsbürgerschaft erhalten
        => Teilnahme am jüd. Leben, wie in Frankreich

in Marokko gab es das nicht
nach 1948 gingen dann viele Juden aus Marokko nach Israel, aus Algerien nach Frankreich

Tunesien: 3 Kategorien als Staatsbürgerschaft f. Juden
        → tunesische, französische od. andere Nationen (Italien)

andere kamen unter sowjetische Herrschaft
→ Buchara u. andere Teile Zentralasiens → bedeutende jüdische Gemeinden

Lybien
unter italienisch-faschistischem Einfluss – auch hier Ende d. 30er italienischen Rassengesetze
eingeführt

Jemen
traditionelle Feste bzgl d. dhimmis → folgte praktisch zur Massenauswanderung n d. 50ern

Sprachen

- Judäo-arabisch (= arabischer Dialekt), -persisch u. spanisch (alles in hebräischen Schriftzeichen geschrieben)
- Hebräisch als Gebets- u. Studiensprache

+ immer mehr europäische Sprachen: franz, engl, italien.

zunehmende Spracheuropäisierung
→ führte auch dazu, dass jüdische Bevölkerung was anderes sprach, als die muslimische Umgebungsbevölkerung

→ Juden sprachen viel mehr Franz. als Araber
z.B. in Marokko u. Tunesien

→ 2 große Herkunfts- und 2 große Sprachgruppen → nicht immer identisch

Herkunft

- einerseits die aus Spanien Vertriebenen → unterteilt in diejenigen, d. an spanischer Sprache festhielten (zumeist später über Italien ausgewandert, 17. Jh. aus Livorno), andere, die sich an judäo-arabische Sprache assimilierten
- andererseits die schon Jahrhunderte früher in Nordafrika Ansässigen → sprachen ausnahmslos arabisch

Religion

- orientalische Juden weniger gespalten in orthodox u. liberal/säkular
- Reformbewegungen waren praktisch nicht existent

- dominierend => gemäßigter Traditionalismus (Pflege d. Traditionen, Leben gemäß jüdischer Religionsgesetze)

- aber gemäßigter als in Osteuropa → weniger Bedürfnis sich v. einer aufnahmebereiten Umwelt abzugrenzen – Trennung ist hier v. 1. WK sowieso selbstverständlich, muss mich nicht extra mehr abgrenzen

Ausnahmen dort, wo es Möglichkeiten zur Akkultuarion gab → etwa in Algerien 1870

→ generell, sehr viel traditionelleres Leben als in West-/Mitteleuropa

---

Sonderfall Indien

auch hier gab es jüdische Gemeinden – im Verhältnis aber nicht sehr groß
1920: ca. 25.000 Juden

aber sehr alte Gemeinden
→ drei versch.:
- Bene Israel (große Mehrheit, v.a. in Bombay)
- Baghdadis (auch Bombay u. Kalkutta)
- Cochin

Bene Israel
= Mehrheit
Ursprünge mysteriös

- sie selbst behaupten, einer der 10 verlorenen Stämme zu sein und schon seit 2.500
  Jahren (1. Diaspora) in Indien zu leben
  aber auch andere Theorien
- kamen um Mitte d. 1. nachchristl. Jahrtausends aus Jemen oder Persien
- oder irgendwann in Mittelalter zum Judentum konvertiert

→ Forschung kann keine davon belegen

Bene Israel => sind wirklich schon sehr lange in Indien, irgendwann im 1. Jahrtausend

→ durch lange Isolation v. restlichen Judentum abgetrennt
→ nur noch Überreste jüdischen Wissens u. Praxis vorhanden
Feiertage, Schabbat, Kaschrut, wenige Gebete

- f. s. gilt Talmud noch nicht → eigene Bibelauslegungen entwickelt
- hielten an bestimmten alten jüdischen Gesetzen fest → tlw. eigene Gebete

Hebräisch = verlorengegangen, sprechen Marathi (indische Sprache)

→ viele sehr arm
Bagdadis
= 2. große Gruppe
   Jüdische Händler aus Irak (Bagdad) eingewandert – ab 18. Jhdt.
   v.a. in Bombai u. Kalkutta

waren traditionell religiöser
→ also Talmud u. d. Judentum, wie es in Rest d. Welt praktiziert wurden

→ aber auch begüterter, waren oft sehr erfolgreiche Händler

Cochin
v.a. im 16. Jhdt aus Spanien eingewandert
   Bombay
   Kalkutta

zw. diesen Gruppen also soziale, religiöse Unterschiede
u. auch im Aussehen
       Bene Israel = „schwarze Juden"

auch gegenüber brit. Kolonialherrschaft → untersch. Einstellung
- Bene Israel zögerten mit Loyalität, da sie sich auch sehr als Inder fühlten
- Bagdadis gingen sofort von arabisch auf englische Sprache über, fühlten sich sehr mit
  engl. Monarchie verbunden, die wohlhabendsten (Sassoon) ließen sich im 19. Jh. auch
  in London nieder

Antisemitismus gab es in diesen kleinen jüdischen Gemeinden nicht !

- keine Reibungsflächen, Buddhismus, Hinduismus ist so weit weg v. Judentum

auch chinesische Juden hatten mal kleine Gemeinden in Neuzeit
→ sind irgendwann komplett assimiliert

Deutschland und Westeuropa nach dem 1. Weltkrieg

weniger jüdische Bevölkerung in Westeuropa → als in Osteuropa

Polen → über 3 Mio. (10% d. Bevölkerung)
Deutschland → 600.000 Juden (1% d. Bevölkerung)
FRA, GB → kleiner
Spanien → minimal

Konzentration in Großstädten
→ noch stärkere Urbanisierung, Verstädterung als vor 1. WK

Budapest 215.000 Juden
Wien, London 200.000 Juden
Berlin 170.000 Juden

gleichzeitig → Niedergang d. ländlichen jüdischen Siedlungen
in manchen Ländern lebten fast alle Juden in d. Hauptstädten
        Dänemark 92 % in Kopenhagen
        Frankreich 70% in Paris
        Österreich 2/3 (67%)in Wien
        Großbritannien 2/3 (67%) in London
        Niederlande 60% in Amsterdam

1933: jeder 3. Jude Deutschlands in Berlin
1000 Jahre vorher → Großteil am Land

Osteuropäische Juden

v.a. in Großstädten viele Zuwanderer aus Osteuropa

→ meisten nach Amerika

→ aber auch welche in Westeuropa
→ v.a. d. ärmeren d. sich Reise nach USA nicht leisten könnten

→ lebten v.a. in d. ärmeren Vierteln d. europäischen Großstädte

London: East End
Paris: Marais
Wien: Leopoldstadt, 2. Bezirk
Berlin: Scheunenviertel (um Alexanderplatz)

Paris, FRA → mehr als Hälfte aller Juden waren arme osteuropäische Einwanderer
In Deutschland → ein Viertel

Organisation der jüdischen Gemeinden

je nach Land sehr unterschiedlich
gilt eigentlich bis heute

Deutschland
- → jüdische Gemeinde wie Kirchengemeinschaften
- → bekommen Kirchensteuer ihrer Mitglieder
- → man war automatisch Mitglied d. Gemeinde am Ort, sobald man sich an diesem Ort anmeldete
- → staatlicher Religionsunterricht an öffentlichen Schulen

= Verbindung Staat u. Religionsgemeinschaft

FRA u. GB
Mitgliedschaft in jüdischen Religionsgemeinden => rein freiwilliger Akt
=> man zahlte Mitgliedergebühren wie in einem Verein

Berufsstruktur

große regionale Unterschiede

Saloniki → viele jüdische Hafenarbeiter
Antwerpen u. Amsterdam → Diamantenschleifer
Elsass u. Süddeutschland → Viehhändler

überall gelten immer noch alte Strukturen
- Juden im Handel weit überrepräsentiert
- in Landwirtschaft stark unterrepräsentiert

in mitteleuropäischen Großstädten v. a. in freien Berufen
→ Berlin, Wien, Budapest etwa d. Hälfte aller Rechtsanwälte u. Ärzte waren Juden

= Nachwirken d. alten Strukturen

+ neu: Prozesse d. Proletarisierung d. dt. Judentums
         gerade in Folge d. Rezession
         Mittelstand v. Wirtschaftskrise besonders stark betroffen

v. Zeitgenossen als sehr sehr kritisch angesehen → viele Läden müssen schließen

führt zu => **neue Aufgaben d. jüdischen Gemeinde**

früher: Seelsorge, Erziehung

ab 1920er → Gemeinden werden zu Wohlfahrtseinrichtungen

großer Teil d. Steuereinnahmen
- Darlehenskasse
- Arbeitslosenhilfe
- Beratungsamt f. Arbeitssuche

Gemeinde wird Stadt in d. Stadt
- nimmt Stadt Aufgaben ab
- sehr viel stärker als v. christlichen Kirchen

→ man sieht sich jetzt nicht mehr nur als Religionsgemeinschaft

Unterschied zu Kirchen → jüdische Gemeinden unterstützten auch Atheisten !

Juden in der dt.sprachigen Kultur

→ zwar wirtschaftliche u. materielle große Probleme

→ aber Blüte d. Kultur

goldenen Zwanziger (Berlin, Wien, Prag) → Kultur, Kunst, Literatur, Wissenschaft
    → Juden überproportional vertreten
Literatur: Franz Kafka, Franz Werfel, Stefan Zweig, Arnold Zweig, Alfred Döblin, Arthur Schnitzler, Jakob Wassermann, Lion Feuchtwanger, Else Lasker-Schüler

Literaturkritik: Walter Benjamin, Siegfried Kracauer, Alfred Kerr

Musik: Arnold Schönberg, Kurt Weill

Theater: Max Reinhardt, Elisabeth Bergner

Kunst und Architektur: Max Liebermann und Erich Mendelssohn
Max Liebermann → wird Präsident d. preußischen Akademie d. Künste

Wissenschaft: Albert Einstein und Sigmund Freud

→ geht nicht um Namen lernen, geht darum, wie „leer" deutsche Kultur wäre, wenn wir uns all diese Menschen wegdenken u. d. wir später verloren haben

viele große Verlagshäuser waren jüdisch
→ d. wichtigsten liberalen
Frankfurter Zeitung v. Leopold Sonnemann
Mosse- u. Ullstein-Verlag in Berlin

Mögliche Erklärung f. dieses Phänomen:
- Bildung ist f. Juden traditionell sehr wichtig!
- ab 19. Jhdt. weg v. Talmud in d. säkularen Bereich
- gesellschaftlicher Aufstieg als Außenseiter ist nur über Bildung möglich !

Weimarer Republik: Integration und ihr Preis

Integration = jetzt nicht mehr nur auf Papier
=> Wirklichkeit

Juden können Minister, Universitätsrektoren werden !

aber in Politik Juden in Weimarer Republik nicht sehr viele prominente Juden vertreten

in d. anfänglichen revolutionären Bewegungen waren Juden vertreten
v.a. in d. kommunistischen Räterepublik in München

Kurt Eisner = 1. bayrischer Ministerpräsident d. v. ihm ausgerufenen „Freistaates Bayern"
→ war Jude (nur kurz, dann v. Rechtsextremen ermordet)

Berlin → Rosa Luxemburg

Danach nur sehr vereinzelt prominente Juden in Politik

einziger: Walter Rathenau wird 1922 zum dt. Außenminister ernannt
                        auch er wurde bald v. Rechtsextremisten erschossen
Integration hatte also ihren Preis
          → stärkere Gefährdung
          → viel gewalttätiger Antisemitismus, jetzt wo es so steile jüdische Karrieren gibt

in Rest-Westeuropa war Situation nicht so schlimm

England, Frankreich (jüdischer Premierminister Leon Blum!)
u. sogar im faschistischen Italien Juden in hohen Staatsämtern

Italien→ ursprünglich nicht antisemitisch, Juden tlw. in faschistischer Partei

Integration
auch auf niedriger, nicht politischer Ebene

Bsp. Sportvereine mit jüdischen Präsidenten
          → Bayern München, Werder Bremen, Austria Wien, etc.

es gab auch rein jüdische Vereine
          → Hakoah Wien (zionistisch) wurde 1925 1. österreichischer Fußballmeister

München war in 20er Jahren noch sehr jüdisch
- Löwenbrau war jüdisch
- wichtige Trachtenhäuser in München waren jüdisch
- Fußball, Bier, Trachten in München ohne Juden nicht vorstellbar

wichtige Bergsteiger
→ gleichzeitig Alpenverein schon 1924 Arierparagraphen eingeführt

Gegenteil

1923 Kinobesitzer in München v. Rechten bedroht, Film „Nathan der Weise" nicht zu zeigen
1923 Hitlerputsch

Antisemitismus

= insgesamt ansteigend

in Weimarer Republik in bestimmten Bereichen besonders sichtbar
-   z.b. Kurbäder-Antisemitismus
-   Ausschluss aus Sportvereinen
-   Studentenvereinigungen
-   Jugendbewegungen

lief alles noch gleichzeitig
→ ein Ort wollte dezidiert keine jüdischen Kurgäste
→ die anderen wollten extra welche, weil sie gutes Geld brachten

Jüdische Renaissance

　　　= Rückführung auf jüdische Werte

durch verstärkte Ausdrängung u. Antisemitismus

→ Neubesinnung vieler komplett assimilierten Familien stammender Juden auf ihr Judentum

→ v. Außenwelt immer als Jude wahrgenommen, bei manchen führte das dazu, dass sie
wissen wollten, was ihr eigenes Judentum eigentlich ist

betraf assimilierte Juden, d. selber schon fast nichts mehr über ihre Kultur wussten

Sinn, Suche nach einem neuen Gemeinschaftsgefühl + neuen Gewissheiten

zeigt sich:
-   immer mehr Kinder in jüdische Schulen
    Mehrzahl d. jüdischen Kinder ging auch 1933 auf nicht-jüdische Schulen, aber immer
    mehr wechseln

    - Jugendliche gründeten jüdische Jugendbünde

-   verschiedene Formen d. jüd. Erwachsenenbildung
    erfolgreichstes Unternehmen
    → das *Freie jüdische Lehrhaus*" 1919 v. Philosophen Franz Rosenzweig in Frankfurt
    gegründet→ brachte assimilierten Juden wieder d. Judentum bei

Bibelübersetzung
Rosenzweig hat dann gemeinsam mit Martin Buber (anderen wichtigen jüdischen
Philosophen) d. hebräische Bibel ins Deutsche übersetzt
war nicht d. 1. deutsche Übersetzung

Mendelssohn 18. Jhdt. war d. 1. (steht f. Beginn d. Integration d. dt. Juden in dt. Kultur)
→ in Hochdeutsch, aber mit hebräischen Schriftzeichen
→ wollte d. Menschen so die deutsche Sprache beibringen

Rosenzweig, Buber → gegenteilige Voraussetzungen, alle können Deutsch, keiner Hebräisch
→ kreieren eine deutsche Sprache, die sich sehr am Hebräischen orientiert
→ wollen das das deutsche Werk wie das Original klingt (f. uns schwer zu verstehen) –
Struktur, Klang nachbilden
→ wollten d. dt. Juden zeigen, wie das Hebräisch klingt

→ soll dt. Juden, d. so deutsch sind, dass sie nicht mehr jüdisch sind, ihre alten Werte vertraut
machen

Religion

- Orthodoxie war auch in deutsche Kultur integriert
- Liberales Judentum gewann weiter an Stärke
- Leo Baeck führrender Rabbiner und Repräsentant des deutschen Judentums